22세기 민주주의

22세기 민주주의

알고리듬이 선거가 되고
고양이가 정치인을 대체한다

나리타 유스케 지음 | 서유진·이상현 옮김

틔움

"이 글의 가치는 문제 제기와 상상력에서 나온다."

고나무 | 웹툰·웹소설 기획사 팩트스토리 대표

결론 먼저 말하자. 나는 저자의 '해법'에는 동의하지 않는다. 선거를 없애고 데이터로 대중의 민의를 반영할 수 있다는 나리타 유스케 교수의 '무의식 민주주의'는 재미있지만 당장 한국에 적용할 수 있어 보이지는 않는다. 이 글의 가치는 문제 제기와 상상력에서 나온다. 가령 '미디어를 손보다'와 '선거권 연령 상한제' 관련 내용은 흥미로웠다. 「아사히」 신문 칼럼니스트인 저자는 극우파가 아니니 오해와 걱정은 하지 마시라. 익숙한 민주주의를 낯설게 보는 그의 시각은 드라마나 웹소설을 떠올리게 했다. 등산은 내가 사는 마을을 다른 각도에서 바라보게 해준다. 이 글은 좋은 등산이다. 웹소설·웹툰 기획사 대표인 내가 감히 정치 관련 책에 추천사를 쓰는 이유다.

"저자의 상상력과 입담에 금기란 없다.
더 나은 민주 정치를 위한 체크리스트."

김태권 | 만화가·저술가

책을 열 때는 가벼운 마음이었다. 책장을 덮으며 나는 마음이 무겁다. 우리의 민주 정치가 얼마나 약점이 많은가 하는 생각이 들어서다. 민주주의 때문에 인간의 바닥이 드러난다고 저자는 꼬집는다. 인간은 부족한 존재이고 그렇기에 민주 정치는 제대로 실현될 수 없다는 주장이다.

예를 들어 민주 정치의 꽃이자 축제라는 선거는 어떨까? 부족한 유권자가 부족한 정보로 부족한 정치인을 뽑는 부족한 행사다. 그나마도 몇 년에 한 번뿐이다. 이래서야 정말로 민의를 반영한다고 할 수 있을까? 이런 식으로 저자는 오늘날 민주 정치의 아픈 곳을 버르집는다.

저자의 상상력과 입담에 금기란 없다. 정치인의 의사결정을 따르기보다 차라리 인공지능의 알고리듬에 미래를 맡기는 편이 낫지 않겠냐는 저자의 제안을 내가 반박하지 못하는 까닭은, 정당과 정부보다 쇼핑몰과 유튜브의 알고리듬이 우리 마음을 읽어주는 시대에 살고 있어서다.

생각이 여기에 이르자 나는 고개를 젓는다. 민주 정치를 공격하는 일은 마음이 불편하다. 한국 사회에서 민주 정치란 수많은 사람이 피를 흘리고 목숨을 잃으며 얻어낸 성과다.

하지만 이미 내 마음 한구석에는 저자의 발칙한 질문이 자리 잡았다. 지금의 민주 정치는 과연 민주주의라는 이상을 충실히 구현하는가? 오늘날의 기술 발전을 정치제도에 과감히 도입하는 일에 우리가 인색할 필요가 있을까? 더 나은 민주 정치를 위해 이 책이 체크리스트가 될 수 있다.

"저자가 펼치는 경계 없는 정치 실험에 동참한다."

유정훈 | 변호사·서울리뷰오브북스 편집위원

처음 원고를 살펴본 후, 내가 저자의 주장을 제대로 이해한 것이 맞나 싶었다. 지금은 2024년인데 벌써 '22세기' 민주주의를 논하고, 각종 센서가 유권자의 본심을 읽어 정치적 의사결정에 반영하는 무의식 데이터 민주주의 시대를 예견하는 책이라니! 저자는 아마추어의 공상이라고 하면서도, 민주주의와의 투쟁 혹은 그로부터의 도주, 알고리듬에 의한 민주주의 자동화 등과 같은 과감한 구상을 쏟아 놓는다.

하지만 지금의 현실이 어떤지 잠시 떠올려 보니 "안 될 건 또 뭐 있어? 저자의 얘기를 좀 더 따라가 보자"는 생각이 들었다. 지금의 민주주의와 선거제도는 괜찮은가? 투표용지에 악당밖에 선택지가 없는 것을 확인하고 절망했던 적이 몇 번이지? 앞으로 치를 선거라고 딱히 다를까? 절박할 때는 절박한 조치를 해야 하지 않나?

2024년은 60여 개 국가에서 40억 명 이상의 인구가 선거를 치르는 민주주의 사상 최대 선거의 해라고 한다. 하지만 세계 곳곳에서 치러지는 선거를 두고 민주주의가 승리했다고 평가하거나 민주주의의 축제라며 기뻐하는 사람은 찾기 어렵다. 투표를 통해 정치가 나아지기보다는 선거를 치르면서 갈등이 심화되고 정치적 양극화만 확인하는 경우가 많다.

AI 알고리듬이 선거를 대체하는 미래, 무의식 민주주의 시대에는 고양이가 정치인을 대체할 수도 있다는 파격적 주장이나 문구만 보고 지나치면, 저자의 진짜 주장을 놓칠 수 있다. 이 책의 핵심에는 '민주주의는 데이터의 변환'이라는 통찰이 있다. 저자의 설명에 따르면 민주주의는 모두의 민의 데이터를 입력하고 사회적 의사결정을 출력하는 규칙 혹은 장치다.

우리가 정치에 만족하지 못하고 선거에 기대감이 없는 이유는 결국 민의가 제대로 정치에 반영되지 않기 때문이다. 그렇다면 민심을 변환하여 의사결정으로 만들어 내는 장치인 선거와 민주주의 시스템을 고쳐야 한다. 그런 차원에서 유권자의 본심을 읽어내는 센서와 알고리듬이 선거를 대체한다는 아이디어를 이해하고 공감할 수 있었다.

저자의 주장이 때로 지나친 파격이라 생각할 수도 있지만, 서문에서부터 마지막 장에 이르기까지 저자의 관심은 중병에 걸려 제대로 작동하지 않는 민주주의를 고치는 데 있다. 정당이나 정치인이 아닌 정책에 투표하는 유동적 민주주의를 도입하여 소수자의 목소리가 더 반영될 수 있도록 하자는 주장처럼, 제도 자체의 찬반을 떠나 그 문제의식을 살펴보아야 할 지점도 많다.

선거의 해에 정치와 정치인에 불만이 차오르는 독자, 민주주의의 미래에 관심이 있는 유권자에게 추천한다. 물론 눈앞에 닥친 선거에서 최선의 선택을 해야 하지만, 한 발 떨어져 22세기를 내다보며 저자가 펼치는 경계 없는 사고 실험에 동참하는 것도 괜찮겠다.

저자 나리타 유스케가 스탠퍼드대학교 객원교수로서 데이터와 알고리듬을 사용하여 비즈니스 및 공공정책 분야 대상 연구 및 사업을 한다는 점은 원고를 읽고 나서야 확인했다. 저자의 이력을 보니 왜 이런 책을 쓸 수 있는지 이해할 수 있었다. 하지만 저자에 대해 긍정적으로 평가하고 독자로서 그와 공유하는 지점은 그의 업적이나 이 책에서 펼치는 논리와 달변이 아니라 유권자로서 민주주의를 고치는 것에 관한 관심이다.

"고정관념의 틀을 벗어날 수 있는 기회."

윤덕원 | 밴드 '브로콜리너마저' 보컬 · 방송인

뉴스를 보면 한숨이 절로 나오는 시절이다. 이제껏 그랬듯이 바쁘다고, 잘 모른다고 넘어갈 수는 없을 것 같다. 하지만 생각할수록 막막함이 더 커지는 지금의 민주주의는 과연 이대로 괜찮은 걸까? 이런 생각으로 민주주의의 새로운 대안을 궁리해 보는 사람도 있겠다. 대체로 과거의 논의를 답습하거나 탁상공론으로 그치고 마는 경우가 많다 하더라도, 고정관념의 틀을 벗어날 수만 있다면 그 자체로 의미 있는 일이 아닐까?

나를 포함한 기성세대는 학교에서 현대 사회가 여러 가지 제약으로 인해 간접 민주주의 제도를 실시하고 있으며, 기술 발달로 직접 민주주의가 '언젠가는' 가능할 것이라고 배웠다. 그런데 그 '언젠가는'이 이제 정말 가깝게 다가왔고, 인공지능 기술이 그 역할을 해 줄

것이란 생각이 들었다. 저자는 AI 알고리즘을 통해 상상만 해 오던 직접 민주주의와 1인 1표를 넘어선 유동적인 민주주의의 가능성을 제시한다.

"AI기반 정치 운영체계(OS)가 정치인을 대체하는 상상."

장한별 | 변호사 · 작가

18세기에 고안된 선거제도를 따르고 있는, 현재의 대의 민주주의는 민주화된 국가의 국민에게 더 이상 효능감을 주지 못하고 있다. "선거는 필요 없게 된다"며 민주주의를 재발명하자는 데이터 과학자의 도발적인 주장에 귀를 기울이는 이유다. 개인에게 기간별 총영향력을 균등하게 할당해 주자. 그리고 사람들이 의사와 행동을 관찰하는 센서를 여러 채널에 붙이고 데이터를 모은다. 다양한 정책 성과지표를 조합한 목적함수를 최적화하는 의사결정 알고리즘을 오픈소스 개발그룹처럼 투명하게 고안해서 데이터를 흘려보내자. 이렇게 개인의 정치적 의사가 '상시 자동 병렬실행'되는 데이터 기반 직접 민주주의에서 정치인은 필요 없다. 협동조합, 사단법인, 기초지자체로 이런 정치 실험을 차츰 확대해 보면 어떨까? 그저 선거권과 피선거권으로 이해되기 쉬운 참정권을 지금 이 시점에 새로 생각하게 만드는 책이다.

"파격의 정치 에너지 칵테일이다."

장혜영 | 국회의원

단호하다. 도발적이다. 당혹스럽다. 문장마다 실시간으로 반박 댓글을 달며 논쟁하고 싶은 충동이 치솟는다. '젊은이가 투표장 가서 정치 참여하는 것으로 달라지는 것은 없다', '민주주의는 데이터의 변환이다', '알고리듬으로 민주주의를 자동화하자', '정치인은 고양이와 바퀴벌레가 된다' 등 21세기 민주주의에 대한 가차 없는 사망선고는 곧바로 현기증이 날 정도로 거침없이 '22세기 민주주의'로의 비약적이고 도발적인 시나리오로 이어진다. 이 도발에 넘어간 21세기 민주주의자가 머릿속에서 가상의 대련을 시작하려는 순간, 저자의 태도는 '반박 시 네말맞(불필요하게 논쟁하고 싶지 않다는 의미)'으로 돌변한다. '나는 정치인도 정치학자도 아닌 아마추어다. 내가 틀릴 수도 있다. 그런데 당신은 뭘 하겠는가?'

저자의 도발이 종국에 목표하는 바는, 역설적으로 민주주의와 정치에 대한 시민의 진지한 참여다. 정치를 잘 모른다고 생각하는 사람은 많지만 그 가운데 정치가 중요치 않다고 생각하는 사람은 의외로 없다. 정치에 무관심한 사람은 처음부터 희망을 갖지 않은 사람이 아니라 반복된 개혁의 실패에 지쳐 변화에 대한 희망을 접은 사람들이다. 지친 사람들의 눈을 번쩍 뜨이게 하는 것은 무엇일까? 지루한 설교보다 한 잔의 자극적인 에너지 칵테일이 아닐까? 『22세기 민주주의』는 21세기 민주주의에 낙담한 사람들에게 건네는 파격의 정치 에너지 칵테일이다. 마셔보고 싶은가? 다음날의 숙취는 마신 이의 몫이다.

"미래 시대 새로운 민주주의 원칙에 대한 고민이 담겨있다."

정지훈 | 교수 · 미래학자

AI 시대가 다가오고 있고, 기후변화 등 전 세계를 뒤흔드는 사건이 늘어난다. 그럼에도 글로벌한 정치판은 그다지 바뀌지 않고 있으며, 전 세계에는 여전히 국소 전쟁이 끊이지 않는다. 미래에 대한 이야기를 하면서도 언제나 소외된 것은 바로 '정치'와 관련한 이야기다.

이 책은 우리가 이렇게 거의 포기하다시피 하고 있는 '정치'의 미래를 이야기한다. 현대 사회의 복잡한 도전 과제에 대한 심도 있는 분석과 함께 민주주의의 미래에 대한 통찰도 제시한다. 이 책은 특히 기술 발전, 인구 고령화, 정치 참여의 변화와 같은 현대 사회의 당면 문제들을 심도 있게 다루고 있어서, 문제의식을 정리하는 데에도 큰 도움이 된다.

저자는 현재의 선거 시스템과 정치적 의사결정 과정에 대한 근본적인 재고를 강조한다. 이러한 변화는 특히 기술 발전이 민주주의에 미칠 영향을 고려할 때 더욱 중요해진다. AI와 빅데이터가 정치적 의사결정 과정에 어떻게 통합될 수 있는지에 대한 통찰은 미래 민주주의에 중요한 영향을 미칠 것이다.

또한, 이 책은 다문화 사회의 도전과 기회에 대해서도 깊이 있게 다루고 있다. 특히 한국 사회의 경우 앞으로 다양성을 어떻게 수용할 것인지가 매우 큰 숙제가 될 것인데, 이를 통해 더욱 강력한 민주주의를 구축할 수 있는지에 대한 방안에 대해서는 고민이 부족하다. 이 책에서 제시하는 여러 방안은 민주주의의 미래에 대한 통찰과 함께, 글로벌 시대에 걸맞은 사회적, 정치적 전략을 보여주고 있다.

이 책은 민주주의의 미래를 미래 지향적인 관점에서 탐구하고 있다. 저자는 특히 디지털 기술의 발전이 사회적, 정치적 구조에 어떤 영향을 미칠지에 대해 집중적으로 분석한다. 이런 부분들은 한국이 기술 혁신을 어떻게 민주적 가치와 접목할 수 있을지에 대한 방안에 대한 힌트를 제공한다.

시민이 단순한 소비자가 아닌 적극적인 시민의 역할을 수행하고, 지역사회에서의 자율적인 참여와 협력을 통해 공동의 문제를 해결하는 것이 미래 민주주의의 핵심이 될 것이다. 이는 개별 시민의 역량 강화와 적극적인 참여를 통해 이루어질 것이며, 이러한 밑으로부터의 변화가 진정한 민주주의의 회복을 이끌 수밖에 없지 않을까?

이 책에서 이야기하는 민주주의의 위기와 제시하는 방식은 지나칠 정도로 극단적이거나 불가능해 보이는 부분이 있는 것도 사실이다. 그렇지만 우리가 알고 있는 너무나 당연한 민주주의의 원칙이 자리를 잡은 것이 불과 수십 년 전이었다는 것을 고려하면, 이 책에서 이야기하는 내용이 허황되지만은 않다. 이제는 미래 시대의 새로운 민주주의의 원칙에 대해서도 다 같이 고민해 볼 때가 되었다. 그리고 그 중에서 괜찮은 것들은 조금씩이라도 수용해 봐야 하지 않을까? 많은 고민거리를 안겨준 책이다.

"인간 뇌에 전자 칩 이식이 성공하는 시대, 민주주의에 대한 해법."

한정림 | 일본어 번역가

저자는 일본 사회의 초고령화에 대한 해법으로 노인들이 스스로 생을 마감해야 한다고 언급해 파장을 일으키며 현재 일본에서 가장 주목받는 인물로 꼽힌다. 젊은 세대의 '구루(스승, guru)'로 떠오른 그의 저서는 민주주의 제도의 치명적 약점에 다소 황당한 해법을 제시한다.

"알고리듬이 선거가 되고 고양이가 을 대체한다."

"정치인은 고양이와 바퀴벌레가 될 것이다."

민주주의의 '꽃'이라 불리는 선거제도는 제대로 기능하고 있는가? 미래에는 존재하지 않을 노령 인구가, 다수라는 이유만으로 선거의 승패를 결정짓고 정책 결정에 열쇠를 쥔 현 상황에서 민주주의는 어떤 모습으로 변화해야 하는가? 이러한 질문에 저자가 내놓은 답이 선거는 알고리듬으로, 정치인은 고양이와 같은 그 무엇으로도 대체될 수 있다는 것이다. 유권자의 눈치만 보고 공공의 이익에는 관심도 없는 인간 정치인보다 귀엽고 무해한 고양이가 낫다고 말한다.

남녀노소 구분 없이 선거권을 가진 모두에게 공평하게 주어지는 한 표 대신 주제에 따른 알고리듬으로 대체되는 대의 민주주의, 이것이 저자가 말하는 무의식 민주주의다. 데이터, 알고리듬을 비즈니스나 교육, 의료 등의 공공정책에 활용하는 연구를 진행하는 경제학자다운 대답이나 그가 제시하는 여러 대안이 흥미롭고 또한 도발적이다.

SF 장르에서나 가능할 법한 발상이지만 마침 얄궂게도 일론 머스크가 설립한 뇌과학 스타트업 '뉴럴링크'가 인간 뇌에 전자 칩을 이식하는데 성공했다는 소식이 전해졌다. 저자가 주장하는 '새로운 민주주의의 모습'이 황당하다고 웃고 지나칠 일이 아니게 됐다.

| 차례 |

제2장 「투쟁」

제3장 「도주」

제4장 「구상」

"생겨난 모든 것은 소멸하기 마련이다."

−괴테, 『파우스트』, 메피스토펠레스*의 대사

* 독일의 민간전승에서 기원한 '악마'로, 괴테의 역작 『파우스트』를 통해 널리 알려졌다.

/ A. 우선 단언하고 싶은 것 /

두꺼운 쥐색 구름이 선진국들을 뒤덮고 있다. 정체와 쇠퇴의 적란운이다. 어떻게 하면 적란운을 걷어낼 수 있을까? 정치다. 어떻게 하면 정치를 바꿀 수 있을까? 선거다. 선거 때마다 "젊은이들이 선거에 참여해 세대교체를 촉구하고 정치의 눈을 미래로 돌리게 하자"라는 구호를 듣는다.

하지만 단언한다. 젊은이가 투표장에 가서 '정치 참여'하는 정도로는 달라지는 게 없다. 고령화가 진행된 대표적인 국가 일본의 예를 들어보자. 지금 일본인의 평균연령은 48세이며 30세 미만 인구는 전체의 26%다.[1] 전체 유권자에서 30세 미만 유권자 비율은 13.1%. 2021년 중의원 선거 전체 투표자 중에서 30세 미만은 8.6%에 불과하다.[2] 젊은이는 초초(超超) 소수다. 젊은이의 투표율이 올라 60~70대만큼 선거에 참여하더라도 현재 초초 소수인 젊은이들은 초(超) 소수가 될 뿐이다. 선거에서 패배하는 소수자라는 사실은 달라지지 않는다.

청년층의 행동도 한몫하고 있다. 일본 젊은이의 투표 성향은 고령자의 성향과 크게 다르지 않다. 20~30대의 자민당 지지율은 60~70대와 거의 같거나 오히려 더 높다.[3] 젊은이들이 투표하러 간다고 해서 결과가 바뀌지 않고, 정치인을 압박할 수도 없다는 의미다.[4]

오늘날 일본의 정치·사회는 젊은이들의 정치 참여나 선거 독려와 같은 미지근한 행동으로 바꿀 수 없는 아주 위중한 상황이다. 일본은 수십 년간 꿈쩍하지 않는 만성적 정체와 위기에 빠져 있다. 이를 뒤집는 건 녹슬어 가라앉은 쇼와시대*의 호화 여객선을 물속에서 건져 올리는 일처럼 거대한 사업이다.

구체적으로는 젊은이만 투표·입후보할 수 있는 선거구를 만들거나, 젊은이가 반란을 일으켜 일정 나이 이상의 사람으로부터 (피)선거권을 빼앗는 혁명이 있을 수 있다. 혹은 이 나라를 포기한 젊은이들이 새로운 독립 국가를 건설하는 것이다. 이런 소설에서나 나올법한 큰 변화가 없으면 정치와 사회를 뒤덮은 구름은 걷히지 않는다[5].

우리에게는 나쁜 버릇이 있다. "기존의 선거나 정치라는 게임에 어떻게 참여하고 플레이해야 하는가?"만 생각한다는 것이다. 하지만 그렇게 생각한 시점에 패배가 결정된다. "젊은이여, 투표하러 가라"는 캠페인에 휘말리는 순간 젊은이들은 이미 어르신들의 손바닥 위에서 '화이팅' 구호를 외칠 뿐임을 알아야 한다.

그들의 손바닥 위에서 아무리 화려하게 춤을 춰도, 아무리 깊이 생각하고 투표를 해도, '#투표하러 가자'는 태그와 함께 SNS에 글을 올려도 젊은이가 소수파인 지금의 선거 구조에서는 결과가 변하지 않는다. 그냥 마음속에 쌓였던 불만을 조금 푸는 정도다. 이런 말을

---

* 1926년 히로히토(裕仁)가 왕위에 오르면서 정해진 일본의 연호. '밝은 평화'라는 의미로 시기적으로는 1926~1989년에 해당한다. 일본에서는 종종 구시대적인 것을 표현할 때 쇼와와 '헤이세이'(平成, 1989~2019)를 사용한다.

하면 안 된다고 하지만, 이게 사실이다.

냉소가 아니다. 더 중요한 것에 눈을 돌리자는 호소다. 무엇이 더 중요한가? 선거, 정치 그리고 민주주의라는 게임의 규칙 자체를 어떻게 바꿀지 생각하는 일이다. 규칙을 바꾸는 일. 즉, 약간의 혁명이다.

혁명을 100이라고 하면 선거에 참여하거나 국회의원이 되는 것은 1~5 정도다. '언 발에 오줌 누기' 정도라 사실상 아무것도 바뀌지 않는다. 어중간하게 불만을 풀어주는 정도로 문제의 본질을 흐리느니, 방에서 카페라테나 마시면서 게임을 하는 게 더 즐겁고 가성비도 좋지 않을까?

혁명이냐, 라테냐? 궁극의 선택을 돕는 매뉴얼이 바로 이 책이다.

/ B. 요약 /

학술논문에는 대체로 앞부분에 요약(abstract)이 있다. 무엇을 주장하거나, 발견했거나, 증명한 내용을 짧게 정리한 것. 즉, 단팥빵의 앙꼬나 커닝 페이퍼와 같다.

필자는 이런 요약이 좋다. 바쁜 독자는 이것만 읽으면 요점이 무엇인지 대략 알 수 있다. 이걸 보고 술자리나 카페에서 수다의 소재로 쓰며 저자를 디스*할 수도 있다. 그래서 이 책에도 시작 부분에 요약을 붙인다.

그렇다고 해도 요약은 요약일 뿐이다. 요약은 정보의 밀도가 지나치게 높고, 논리 전개가 너무 빨라서, 근거가 무엇인지 알 수 없이 단정 짓는 내용으로 채워진다. 독자 입장에서는 "이게 왜 이렇지?"라는 느낌이 들 수 있다. 근거나 배경, 상세한 내용을 생각하게 만드는 게 이어지는 본문의 역할이다.

그래서 요약 부분을 가능하면 두 번 읽으면 좋겠다. 한 번은 본문을 읽기 전에, 또 한 번은 본문을 읽은 뒤다. 그러면 이 책이 무엇을 주장하는지 더 입체적으로 이해할 수 있다. 자, 이제 시작해 보자.

| ○□주의와 □○주의

경제 하면 자본주의, 정치 하면 민주주의가 떠오른다. 승자를 그대로 방치해 철저히 승자가 이기게 하는 일에 능한 자본주의는, 그렇기 때문에 격차와 패자를 낳는다. 반면 이미 태어나 버린 약자에게 목소리를 부여하는 구조가 민주주의다. 폭주하는 말(馬)과 같은 자본주의에 민주주의라는 고삐를 매었기 때문에 세계의 절반

---

* 주로 랩 음악에 쓰이는 용어로 상대방을 비난하거나 폄하한다는 의미.

이 유지되어 왔다.

하지만 자본주의와 '2인 3각'의 한 축을 이뤘던 민주주의가 지금 중병을 앓고 있다. 인터넷을 통해 풀뿌리 글로벌 민주주의의 꿈을 실현할 것만 같았던 중동의 민주화운동 '아랍의 봄'은 한순간의 불꽃처럼 흩어지며 실패로 끝났다. 오히려 인터넷에 확산하는 선동이나 가짜 뉴스, 음모론이 선거를 잠식했다. 남미와 유럽에서 코미디만도 못한 막말을 연발하는 포퓰리스트 정치인들이 세력을 넓히면서 엔터테이너와 정치인의 경계가 모호해졌다.

| 고장

민주주의가 고장 났다는 건 단순한 인상 비평이 아니다. 이번 세기 들어 지난 20여 년간의 경제를 보면 민주주의적인 나라일수록 경제성장이 부진했다.

이는 평상시만이 아니다. 코로나19 사태가 한창이던 2020년 ~2021년에도 민주국가들의 코로나19로 인한 인명 피해와 경제 침체는 심각했다. 2008~2009년 리먼 브라더스 사태 때도 위기에 빠진 나라는 모두 민주국가였다. 민주주의의 잃어버린 20년이라 부를 만하다.

왜 민주국가는 실패하는가? 힌트는 인터넷이나 SNS의 침투와 함께 진행된 민주주의의 열화*다. 열화를 상징하는 헤이트 스피치(hate speech)나 포퓰리즘적인 말과 행동, 정치 이데올로기의 양극화 등을 보자. 이런 민주주의의 열화가 이번 세기 들어 세계적으로 진행되고 있고 열화의 가속도가 특히 빠른 곳이 민주국가였다.

열화가 가속화하면서 민주국가의 경제도 폐쇄적이고 근시안적이 되어 왔다. 민주국가일수록 미래를 위한 자본 투자가 둔화하고 자국 제일주의를 내세운 무역 정책이 강해지면서 수출도 수입도 막히게 됐다. 이런 요소들이 결합해 민주주의의 잃어버린 20년이 야기되었 다. 그리고 민주국가들은 코로나19 사태가 발생한 2020년, 광범위하 고 철저한 초기 봉쇄 정책을 제대로 취하지 못했다. 당시 많은 민주 국가는 유사시 공중 보건 위생에서도, 평상시 거시 경제적 측면에서 도 마땅히 무언가 해야 했지만, 그러지 못하면서 21세기 민주국가의 '설익음'을 드러냈다.

민주주의의 열화 그리고 경제적 부작용은 이번 세기 들어 두드러 졌다. 21세기의 어떤 점이 민주주의를 좌절시켰을까? 웹 소프트웨 어 비즈니스의 성장과 인터넷상의 정보 확산, 금융위기, 바이러스 감염 등 21세기의 주요 현상에는 공통점이 있다. 마치 폭풍 전의 고 요와도 같은 정체가 있은 뒤, 보통 사람의 직감을 초월한 속도와 규 모로 폭발적인 반응이 생긴다는 점이다.

---

* 원문은 劣化. 화학적, 물리적 상황이 나빠지는 것. 악화와 비슷한 의미.

우리가 해결해야 할 과제가 초인적인 속도와 크기로 다가왔다가 어느 순간 폭발하는 지금의 세계에서, 평범한 사람의 일상적인 감각 (=여론)에 아부*해야만 하는 민주주의는 어쩌면 타락할 운명이었는 지도 모른다.

| 투쟁

그렇다면 중증을 앓고 있는 민주주의를 재생하려면 무엇이 필요할까? 세 가지 처방전을 생각할 수 있다. (1)민주주의와의 투쟁 (2)민주주의로부터의 도주 (3)아직 보지 못한 새로운 민주주의의 구상이다.

투쟁은 민주주의와 우직하게 마주해 조정과 개량을 통해 민주주의의 저주를 풀려는 진지한 행위다. 정치인의 시선을 당장의 눈앞 여론뿐만 아니라 장기적 관점의 성과로 돌리는 일이다. 예를 들어 국내총생산(GDP)이나 평등, 행복도 등의 성과지표를 갖고 정치인의 재선을 보증하거나 성과 보수를 주는 방식을 생각해 볼 수 있다.

정치인에게 주는 인센티브를 바꾸는 방식으로 정부 거버넌스

---

* 원문은 손타쿠(忖度), 알아서 비위를 맞추는 행동. 지난 2017년 일본 재무성이 아베 신조(1954~2022) 전 총리의 눈치를 봐서 부정을 저질렀다는 의혹이 제기되면서 일본에서 대유행한 단어.

(Government governance)를 개선하고 선거제도를 다시 디자인하자는 제안도 수두룩하게 많다. 온라인이나 애플리케이션(앱) 투표는 물론, 세대 간 격차 극복을 위해 정치인과 유권자의 임기와 정년을 설정하는 제안도 있다. 투표자들이 얼마나 더 오래 살지에 따라 표에 가중치를 부여하는 '남은 생애(餘命, 여명)' 투표 도입도 고려할 수 있다.

젊은이뿐 아니라 무시되기 쉬운 소수자의 목소리를 헤아리는 방안도 있다. 정치인의 남녀별 숫자를 정하거나, 정당이나 정치인이 아닌 정책에 투표해서 자신에게 중요한 정책에 더 많은 표를 할애하도록 허용하는 유동적 민주주의*도 가능하다.

하지만 이렇게 다양한 아이디어가 있어도 실현 가능성은 희박하다. 이미 선거에서 이겨 자리를 얻은 현직 정치인들이 지금의 선거제도를 개혁하고 싶어 할까? 무리다.

| 도주

이렇게 보면 민주주의에 대한 투쟁은 처음부터 막혀버린 길처럼 보인다. 그렇다면 차라리 투쟁을 포기하고 민주주의로부터 도주하는 것은 어떨까?

---

* Liquid Democracy. 대의 민주주의와 직접 민주주의가 최적으로 혼합된 민주주의.

조세 피난처에 자산을 은닉하는 것처럼 국가로부터 도주하는 행위는 일부 지역에서는 이미 이뤄지고 있다. 이제 민주주의도 연이은 실패를 경험하면서 시민에게 '정치적 세금'을 부과하는 것처럼 보인다. 그렇다면 조세 피난처가 있듯 민주주의 피난처(democracy haven)도 있지 않을까.

기존 국가를 포기하고 '민주주의 난민'이 된 개인이나 기업을 독립 국가·도시가 유치하거나 선발하는 세계는 어떨까? 독자적인 정치제도를 시험하는 신(新)국가가 마치 기업처럼 경쟁하고, 정치제도를 자본주의 상품과 서비스처럼 만든 세상이다. 과격한 망상이라고 생각할지도 모른다. 하지만 그런 시도가 이미 있다. 예를 들면 어느 나라도 지배하지 않는 지구 최후의 미개척지나 공해(公海)의 특성을 역이용해 신국가를 만드는 계획이 존재한다. 사람들이 마음에 드는 정치제도를 실험하는 해상국가나 디지털국가로 도망칠 미래도 머지 않았다.

21세기 후반이 되면 자산가들은 해상·해저·하늘·우주·메타버스* 등으로 떠나, 민주주의라는 실패한 장치에서 벗어난 '성공한 사람들의, 성공한 사람들에 의한, 성공한 사람들을 위한' 국가를 만들지도 모른다. 선거나 민주주의는 정보력이 부족한 빈자의 나라에만 남아 있는 비효율과 비합리의 상징이 될 수 있다. 그런 민주주의

---

* 3차원 가상 세계를 뜻함. Meta(가상/초월)+Universe(현실 세계)의 합성어.

로부터 도주하는 것이야말로 프랑스 혁명, 러시아 혁명에 버금가는 정치·경제 혁명의 유력한 방안*일 수 있다.

| 구상

하지만 도주는 어디까지나 도주일 뿐이다. 민주주의에 절망해 선민(選民, 선택받은 자들)의 낙원으로 달아나는 자산가들은 민주주의에 내재된 문제를 해결하지 못한다. 그렇다면 도주하려는 마음과 싸워, 민주주의의 재생을 도모할 수 있을까? 여기서 필요한 것은 민주주의를 빈사로 몰아넣은 지금의 세계 환경을 감안해 민주주의를 다시 만드는 일이다. 즉, 민주주의의 재발명이다.

그런 구상으로 생각하고 싶은 게 '무의식 데이터 민주주의'다. 인터넷이나 감시카메라가 포착하는 수많은 회의실의 목소리, 거리와 집안에서 이뤄지는 대화 그리고 사람들의 표정과 반응 및 심박수, 편안한 수면 여부 등 선거에 한정되지 않는 무수한 데이터에는 사람들의 자연스럽고 진심인 의견, 가치관, 민의(民意)가 스며 있다. '저 정책은 좋다', '우와 싫다…'라는 말이나 표정이 민의 데이터가 된다. 각각의 민의 데이터에는 편향과 왜곡이 존재하지만, 무수한

---

* 원문은 대본명(大本命). 일반적으로 가장 선호하는 것 또는 유력한 것을 의미한다.

민의 데이터를 합하면 그것은 상쇄된다. 그리고 민의가 입체적으로 보인다.

무수한 민의 데이터로부터 의사결정을 하는 것은 알고리듬*이다. 알고리듬은 민의 데이터와 국내총생산(GDP), 실업률, 학업 성취도, 건강 수명, 웰빙 지수 등 성과지표 데이터를 반영한 목적함수**를 최적화해서 만든다. 의사결정 알고리듬의 디자인은 다음 두 단계로 이루어진다.

(1) 우선 민의 데이터를 바탕으로 각 정책과 논점마다 사람들이 무엇을 중요하게 생각하는지, 어떤 성과지표의 조합과 목적함수를 최적화하고 싶은지 정한다. '증거에 기반한 목적 설정'이라 할 수 있다.

(2) (1)에서 찾은 목적함수와 가치를 기준으로 최적의 정책적 의사결정을 내린다. 이 단계는 이른바 '증거에 기반한 정책입안'에 가깝다. 과거 다양한 의사결정이 어떤 성과지표로 이어졌는지 과거 데이터를 바탕으로 효과를 검증한다.

---

* 문제 해결을 위한 순서를 컴퓨터 프로그램을 통해 실행 가능한 계산 절차로 만든 것. 검색 엔진, 추천 표시 등에 쓰인다.

** 여기에서 '목적함수'는 특정한 목적을 위해 AI 모델을 학습시켜 '최적화'하려는 함수를 의미하며, 이를 최적화한다는 것은 목적함수의 값을 최대화 또는 최소화하는 변수들의 조합을 찾는다는 것이다. 즉, 주어진 조건 하에서 가장 원하는 결과를 얻기 위해 목적함수가 필요하다.

이 두 단계의 사이클이 정책마다 이뤄진다. 즉, 무의식 데이터 민주주의는 (1) 증거에 기반한 목적 설정 + (2) 증거에 기반한 정책 입안 이라 말할 수 있다.

이렇게 해서 선거는 민의를 수렴하기 위한 유일하고 궁극적인 방법이 아니라 (1) 증거에 기반한 목적 설정을 위해 이용되는 수많은 데이터 가운데 하나가 된다.

앞으로 민주주의는 특정한 장소에 가서 의식적으로 투표를 하는 게 아니라, 자동으로 그리고 무의식적으로 실행된다. 사람들은 평소처럼 카페라테나 마시면서 게임을 즐기면 된다. 인간은 알고리듬의 가치판단과 추천 및 선택이 별로일 때 개입해서 이를 거부하는 역할을 한다. '인간 정치인'은 서서히 사라지고 정치인은 시민의 열광과 분노를 받아들이는 '마스코트', 예를 들면 고양이, 바퀴벌레, 디지털 가상 인물 등으로 대체된다.

무의식 데이터 민주주의는 대중의 민의에 의한 의사결정(선거 민주주의), 소수의 엘리트나 선민에 의한 의사결정(지식인 전제주의) 그리고 정보·데이터에 의한 의사결정(객관적 최적화)의 융합이다. 주변부에서 피어나기 시작한 무의식 데이터 민주주의라는 들풀이 기득권과 중간 조직, 낡은 관습의 비대화로 꼼짝 못 하게 된 21세기 민주주의를 무너뜨리고 22세기 민주주의를 향한 토양을 살찌우게 할 것이다.

무의식 데이터 민주주의의 구상은 SF(공상과학소설)가 아니다. SF는 상상력을 다해 있을 수 있는 세계와 있을 수 없는 세계의 경계를 다룬다. SF에서는 세상으로부터 멀어져 현실을 좇아가지 않는 데 가치가 있다.

이 책의 시도는 SF와는 오히려 반대다. 가까운 미래 세상에 접근하는 게 목표다. 아직 사람들 머릿속에 들어 있지는 않지만, 일단 아이디어를 말하면 무심코 납득하게 되는 이야기, 그런 것을 다루려 한다. 있을 법한 사건을 다루고, 정확한 예측을 중시한다는 점에서 이 책은 자유분방하게 상상력의 날개를 펼치는 SF와 본질적으로 다르다[6]. 무의식 데이터 민주주의는 머릿속에서만의 구상이라기보단 예측이다.

/ C. 앞서 변명해 두고 싶은 것 /

이 책을 쓴 목적은 단순·명쾌하다. 선거나 민주주의를 어떻게 디자인해야 할지 다시 생각해 보고 다양한 방안을 제시하는 것, 그걸로 충분하다.

다만 필자가 독자 여러분께 털어놔야만 하는 게 있다. 사실 필자는 정치에도, 정치인에도, 선거에도 전혀 흥미가 없었다. "아무려면 어때……" 그렇게 느낄 때가 있었다.

빈말이라도 절대 멋지다고는 말할 수 없는 정장 차림의 아저씨들 무리가 닌텐도 게임 속 작은 외계인인 '피그민'처럼 쏟아져 나오는 풍경[7]. 학급 반장이 그대로 나이를 먹은 듯한 중장년이 조심스럽게 원고를 읽듯 늘어놓는 미사여구. 그 이면에서 벌어지는 피투성이의 권력투쟁. 지위나 권력, 민심을 손에 넣는 데만 끊임없이 몰두하는 국회의원과 장관. 즐겁게 살고 싶은 사람이라면 지금의 정치를 가까이하지 않는 게 상책이다.

나는 신문도 읽지 않고 TV도 거의 보지 않지만, 정치(가)나 선거에 관한 뉴스를 우연히 볼 때마다 내가 재미없고 진부한 인간이 된 느낌이 든다. 매주 '대단하신' 정치인과 이야기할 기회가 있었지만 그럴 때마다 괴로웠다. 동물원에서 희귀 동물을 관찰하는 정도의 느낌에, 대화를 멈추고 도망치고 싶었다.

하지만 역설적으로 그런 경험이 이 책을 쓰는 계기가 되었다.

나를 비롯한 많은 이들이 흥미를 갖지 못하는 정치라는 괴물. 이것이 사회의 앞날을 그리고 생활의 방향키를 쥐고 있다. 어떤 대기업이든, 아니 대기업일수록 정부의 규제와 방침에 움찔하며 정치에 알아서 긴다. 학교도 정부 보조금이 언제 깎일지 몰라 벌벌 떨며 관료와 정치인 비위를 맞추기 위해 안간힘을 쓴다. 알고 보면 정부가 슬쩍 올린 세금이나 공공보험료 때문에 실수령하는 돈도 점점 적어진다. 해외여행이 일부 '상급 국민'에게만 허용되는 사치품이 되기까지 얼마 남지 않았다. 아니, 이미 그런 상황인지도 모른다.

정치가 중요하다는 걸 머리로는 안다. 하지만 마음이 도무지 움직이지 않는다. 사람들이 정치와, 그것을 옭아매는 선거, 민주주의를 바꾸고 싶어하게 만들 방법은 없을까? 그런 난제에 도전하는 게 이 책의 숨은 목적이다. 독자를 위해서라기보다는 솔직히 나 자신을 위해서이기도 하다. 그러기 위해 두 가지 전략을 취하려고 한다.

(1) 정치, 선거, 민주주의를 조금 다른 시각에서 바라봄으로써 다시 생각하는 즐거움이나 재미를 만들어내기(내부의 동력 만들기).
(2) 정치, 선거, 민주주의를 통해 세상을 좀 더 나은 방향으로 바꿀 수 있을지도 모른다는 예감 주기. 선거나 민주주의의 개선 과정에 어떻게 참여해야 할지, 여러 전략과 구상을 제시하기(외부에서 주어지는 인센티브 만들기).

| 이 책은 아마추어의 공상

또 하나 변명해야 할 게 있다. 이 책의 주제에 관해 필자는 아마추어라는 점이다. 필자는 정치인도 아니고 정치학자도 아니다. 정치 자체에 대해서도, 정치학이나 정치사에 대해서도 아마추어이자 외부인이다.

하지만 필자가 아마추어라고 해서 이 책의 내용을 그냥 넘기지는 않으면 좋겠다. 티머시 스나이더가 쓴 『폭정(On Tyranny), 20세기의 스무 가지 교훈』이라는 짧은 책이 있다[8]. 나치 독일이나 전쟁 전 일본의 사례처럼 20세기의 '정치 폭주'에서 배우는 교훈을 담고 있다. 몇 가지 의미 있는 부분을 목차에서 발췌했다.

꽤 '수수한' 교훈이다. 이걸로 폭정과 싸울 수 있을까 걱정된다. 그러나 조금 생각해 보면 이런 '생활감'은 당연히 중요하다. 정치판이 해수면 위로 나온 '빙산의 일각'이라면, 그 아래 숨어 있는 거대한 빙산은 이름 없고 아마추어인 수많은 개인의 감정과 생활이기 때문이다. 개인적인 것이야말로 정치적이다.

정치와 민주주의에 관해 생각하기 위해서는 그런 아마추어의 개인적 감각으로 돌아가는 게 필수다. 제도나 팩트를 잘 모르기 때문에 떠올리게 되는 소박한 의문과 가설, 현장을 알지 못해 멋대로 해볼 수 있는 상상이 오히려 '국물을 우려내는 재료'가 된다.

필자는 꿈꾸기 쉬운 아마추어의 감각, 연구자로서 조금이나마 길러왔던 추론 능력과 분석력 그리고 여러 곳에서 접한 정치인의 말과 표정에서 얻은 영감을 섞어 이 책을 썼다. 정치인이나 정치학자의 책에는 없는, 수수께끼투성이의 도약과 아이디어를 가져와 실험해 보고 싶어서다.

정치인 입장에서 이 책이 현장과 괴리가 있는 철부지 학자의 공상으로 보일 수도 있다. 정치학자, 법학자, 역사학자의 입장에서는 구멍투성이의 잡다한 아마추어적 생각이자 거친 논의일 수 있다. 어쩌면 사실을 잘못 이해한 부분도 있을 수 있다.

만일 그렇다면 그런 점을 부디 비웃어 주면 좋겠다. 이 책을 읽을 필요가 없을 만큼 날카로운 분석과 사유를 전문가들이 펼쳐 주길 바란다. 그리고 실천가들은 이 책에서 나온 아이디어를 정치 현장에 적용해 주기 바란다. 이 책이 반면교사가 되어 해조(海藻)처럼 사라지면 행복하겠다.

마지막으로 이 책에 담긴 내용이 필자만의 새로운 견해라고 주장할 생각은 전혀 없다. 독자성이나 참신함은 아무래도 좋다. 남의 생각과 나의 발견을 모두 조합해, 미래를 향해 달리는 자전거를 만들고 싶다는 마음으로 썼다. 필자가 새롭게 분석하거나 상상하거나 생각한 내용도 있는가 하면, 어딘가의 누군가가 말하고 쓴 것을 의식적으로 또는 무의식적으로 빌린 부분도 있다. 되도록 참고문헌 인용 표시를 했지만 미흡할 수 있다. "어, 저 내용은 내가 (혹은 누군가가) 말한 것이다"라는 생각이 든다면, 아마 독자의 짐작이 맞을 것이다. 지적은 감사한 마음으로 받겠다. 미리 감사드린다.

반대로 이 책의 내용을 재인용하고 싶다면 마구 해도 좋다. 필자에게 연락할 필요도, 이름을 적을 필요도 없다. 발췌하든 베끼든 섞든 자유롭게 하면 된다. 필자의 영역이나 공적이 늘어나는 일보다 세상이나 정치가 조금이라도 바뀌는 게 훨씬 즐겁기 때문이다.

고장

"민주주의는 최악의 정치 형태다.
단, 지금까지 시도되어 온 민주주의 이외의
모든 정치 형태를 제외하고."

윈스턴 처칠의 이 명언은 지금도 옳을까?
지금 세계의 민주국가는
어떤 병을 앓고 있을까?

| ○□주의와 □○주의

인류를 움직이는 것은 '주의ism'다. 경제라면 자본주의, 정치라면 민주주의. 최근 반세기 사이에 태어난 사람이라면 자본주의와 민주주의라는 말을 어릴 때부터 수천 번 들었을 것이다. 둘을 합쳐 민주적 자본주의(democratic capitalism)나 시장 민주주의(market democracy)라고 부르기도 한다.

하지만 조금만 더 생각하면 자본주의와 민주주의의 제휴는 기묘하다. 자본주의는 강자가 기회의 문을 닫아버리는 구조, 민주주의는 약자에게 기회의 문을 열어주는 구조이기 때문이다(표 1).

거칠게 말해 자본주의 경제에서는 소수의 똑똑한 강자가 다수로부터 돈과 자원을 빨아들인다. 사업에서 생긴 이익을 사적 소유권으로 지키고, 자본시장을 지탱하는 복리의 힘으로 이득을 취한 뒤, 가난한 사람이 뒤처지도록 내버려 둔다. 전쟁이나 역병, 혁명이 없으

표 1. 극도로 단순화한 2개의 '주의'

자본주의	민주주의
강자, 아웃라이어 중심	약자, 보통사람 중심
배제와 점유	포섭과 공존
1자산(💰) 1표	1인 1표
부자가 점점 더 부유해짐	바보도 천재도 모두 같은 인간
성장	분배

면 부자가 점점 더 부유해진다. 이렇게 평상시 자본주의로부터 우리가 겪어왔던 '경험치'은 토마 피케티의 『21세기 자본』[1]부터 발터 샤이델의 『불평등의 역사』[2]까지 일일이 열거할 수 없을 정도다. 강자 그리고 보통 사람보다 뛰어난 아웃라이어가 움직이는 구조가 자본주의다.

민주주의는 정반대다. 민주주의란 무엇인가? 민주주의(democracy)의 어원은 그리스어 dēmokratía로 민중·인민 등을 뜻하는 Dêmos와 권력·지배 등을 뜻하는 krátos의 조합이다[3]. 인민 권력 또는 민중 지배의 의미다.

민중 지배라는 시스템에는 몇 가지 기능이 있다. 이질적인 생각과 이해관계를 가진 사람 혹은 조직이 정치에 뛰어들 수 있게 만들고, 서로 경쟁하거나 협상하거나 타협하면서 과도한 권력 집중을 억제하게 만든다. 이를 상징하는 게 행정부(정부), 입법부(국회), 사법부(대법원)*와 여러 감시기관으로의 권력 분산이다. 또 다른 기능은 선거다. 자유롭고 공정한 보통선거를 통해 유권자의 의사(민의)가 정책 결정자를 압박하는 형태로 민중의 지배가 이뤄진다. 옆에서 감시하고 아래에서 밀어 올리는 여러 힘이 헌법에 규정돼, 쉽게 그 구조를 없앨 수 없는 상태로 되어 있는 게 민주주의의 전형적인 형태다.

천재, 바보, 억만장자, 심지어 일하지 않는 '기생충'조차도 선거에

---

* 일본식으로는 최고재판소.

서는 똑같이 한 표가 주어진다. 정보 약자나 가난한 사람, 혹은 '내 생각은 이렇다'고 주장하는 사람들의 표가 모여 역전이 가능한 것 또한 민주주의의 강점이자 약점이다. 선거에서는 평균값이나 중앙값이 중요하다. 그 결과 연금 생활자가 투표자의 거의 절반을 차지하는 지금의 일본을 비롯한 많은 선진국에서는,[4] 정치인들이 유권자에게 미리 알아서 기는 '아부'가 민주주의 정치를 움직이는 것처럼 보인다. 노년층이 선호할만한 정책입안에 몰두하는 현상이 그래서 나온다.

서로 반대 방향으로 가면서 발목을 잡는 듯이 보이는 민주주의와 자본주의. 우리는 왜 물과 기름 같은 것을 애써 섞으려 할까?

인류는 옛날부터 알고 있었다. 사람의 능력, 운 그리고 자원 배분은 끔찍할 정도로 불평등하다는 것을. 그리고 기술, 지식, 사업을 혁신하는 과정에서 불평등이 맹활약한다는 불편한 진실을. 따라서 불평등을 부정한다면 이는 곧 진보와 번영을 부정하고 기술혁신을 부정하는 가상현실과 다름없다는 것을 말이다.

과학기술 분야에서 연구개발 업무에 조금이라도 종사해 본 사람이라면 잘 알고 있는 것처럼 최고의 연구자나 엔지니어의 창의성과 생산성은 보통 1,000명 몫을 뛰어넘는다.

자본주의적 시장경쟁은 능력과 운, 자원의 격차를 한층 더 심하게 만든다. 그런 세상은 가혹하다. 부자의 재산은 마법 같은 복리의 힘으로 더욱 불어나고, 빈자와의 격차는 시간이 지나면서 더욱 심화되며, 현실은 점점 더 가혹해진다. 이런 상황을 잊기 위해 사용해 온 진통제가 바로 평범한 사람에게도 열려 있는 민주주의다[5].

이와 유사한 관점은 민주주의의 시작부터 계속 있었다. 예를 들면 갓 태어난 민주주의를 관찰한 플라톤의 책 『국가』[6]다. 빈부격차가 너무 커지면 가난한 사람들은 부자에 대한 반란을 기도한다. 반란에 승리한 가난한 대중이 지배권을 잡았을 때 등장하는 정치제도가 민주주의다.

그리고 플라톤은 이런 민주화가 우수한 사람들이 통치하는 이상 국가의 타락이라고 생각했다. 플라톤의 스승 소크라테스를 사형에 처했던 곳도 사실은 민주국가인 고대 그리스였던 점에서도 알 수 있듯이 말이다.

민주주의를 아름답게 포장하는 이상주의적 관점은 사실 평범한 사람들의 불만에서 그것이 시작됐다는 점을 정당화한다. 하지만 근대 민주주의의 획기적 측면은 그런 아름다운 포장*을 단지 포장에 머무르게 하지 않았다는 점이다. 그렇다고 포장을 본심**처럼 여기도록 사람을 세뇌하는 무리한 게임에 도전하지도 않았다. 모두가 합의한 사회 계약을 통해 포장을 '현실의 규칙'으로 만든 점이 민주주의의 획기적 측면이다.[7]

폭주하는 말(馬)인 자본주의. 그리고 자본주의를 달래는 민주주의라는 고삐……. 그 '조울적 길항(拮抗, 서로 버티어 대항함)'이 보통선거가 보급된 이후인 최근 수십 년간 민주사회의 모식

---

* 원문은 다테마에, 建前. 겉으로 표현하는 것.
** 원문은 혼네, 本音. 진짜 속내.

도[*]였다. 자본주의는 파이의 성장을 담당하고, 민주주의는 만들어진 파이의 분배를 담당한다고 단순하게 정리해도 좋다.

┃뒤엉키는 2인 3각: 짐이 되어버린 민주주의

민주주의와 자본주의 2인3각의 '조증과 울증의 균형'이 깨지면서 지금은 자본주의가 조증에 빠져들고 있다. 자본주의가 가속화되면서 민주주의는 중병을 앓는 것처럼 보인다.

21세기 정치는 인터넷과 SNS를 통한 풀뿌리 글로벌 민주주의를 꿈꾸며 시작됐다. 2000년대에는 인터넷을 통한 다자·양방향 커뮤니케이션이 궁극의 직접 민주주의를 실현하리라는 희망찬 전망이 우세했다.

하지만 현실은 참혹했다. 인터넷을 통한 민중 동원으로 꿈을 실현해야 마땅했던 중동의 민주화운동 '아랍의 봄'은 한순간 불꽃을 피웠지만 금세 사그라들었다[8].

오히려 인터넷에 가짜 뉴스와 음모론 그리고 혐오 발언이 확산했고, 이들이 선거를 잠식하면서 남미와 유럽에서 포퓰리스트 정치인이 늘었다[9]. 도널드 트럼프 전 미국 대통령과 자이르 보우소나루 전

---

[*] 구조물의 모양을 그대로 따서 입체적으로 그린 그림.

브라질 대통령 등은 엔터테이너 겸 정치인의 상징이다. 21세기의 지난 21년(2000년·2021년)이 우리에게 준 민주주의에 관한 인상은 '거듭된 패배'로 정의된다.

『민주주의가 죽는 방법』, 『민주주의가 붕괴하는 법』, 『권위주의의 매혹: 민주정치의 황혼』 등과 같은 책들만 해도 그렇다. 평소에는 조심스런 제목만 달고 싶어 하는 일류 학자들이 이 같은 영어권 저서를 잇달아 출간한 것도 이런 인상을 강하게 한다[10].

실제로 민주주의는 후퇴(backsliding)하고 있다. 21세기 들어 비민주·전제 정권으로 정치제도가 바뀌는 나라가 늘어나면서 이들 국가에 사는 사람들이 보다 많아지고 있다. 이런 경향은 최근 5~10년 사이 더욱 가속화되었다[11].

이제 민주주의는 세계의 짐이 되어버린 걸까? 아니면 어떤 우연이나 다른 요인의 책임을 민주주의가 대신 뒤집어쓰고 있는 걸까?

민주주의야말로 21세기 경제를 괴롭히는 문제로 보인다. 필자가 미국 예일대학교의 스도 아유미(須藤亜佑美)와 함께 분석한 데이터에서 발견된 사실이 있다. 여론에 귀 기울이는 민주주의 국가일수록 이번 세기 들어 경제성장이 계속 부진했다는 사실이다(그림 1)[12].

그림 1의 가로축은 국가의 정치제도가 얼마나 민주적인가를 나타내는 민주주의 지수다. 이 지수는 스웨덴의 '민주주의 다양성(Varieties of Democracy, V-Dem) 프로젝트' 팀이 만든 것으로 집회·결사와 표현의 자유, 공정한 선거 등 항목을 종합해 지수화했다[13]. 세로축은 2001~2019년 평균 GDP 성장률이다.

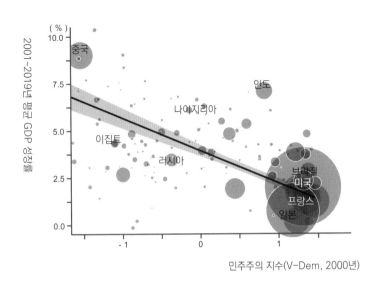

그림 1. 민주국가의 저조한 경제성장률

2001~2019년 평균 GDP 성장률

(%)
10.0

7.5

5.0

2.5

0.0

중국
인도
나이지리아
이집트
러시아
브라질
미국
프랑스
일본

-1   0   1

민주주의 지수(V-Dem, 2000년)

※ 원은 2000년 기준 GDP의 크기를 나타낸다. 굵은 선은 평균적 관계를 보여주는 회귀선, 회색 막대는 95% 신뢰 구간을 보여준다. 민주주의 지수의 단위는 표준편차로 0은 민주화 정도가 평균적 수준인 국가이고, 1은 민주주의 정도가 평균보다 1표준편차(편차치 환산 10)만큼 높은 나라다.

그래프를 보면 민주주의와 경제성장 사이에 음(-)의 상관관계가 있고 민주국가일수록 성장이 둔화되고 있음을 알 수 있다. 국가별 중요도를 고려한 가중치를 바꿔도, 민주주의 지수를 다른 기관이 만든 것으로 바꿔도, 총 GDP를 1인당 GDP로 바꿔도 결과는 거의 변하지 않았다.[14]

여론에 귀 기울이는 민주주의적인 나라일수록 21세기 경제성장이 더뎠다는 얘기를 하면 꾸짖는 사람들이 있다.

"겉으로 보이는 상관관계로 호들갑 떨지 마라. 이 바보야!"

확실히 상관관계는 인과관계가 아니고, 민주주의와 경제성장 사이에 유의 상관관계가 있다고 해서 민주주의가 경제성장을 더디게 했다고 단정할 수는 없다.

그러나 분석을 계속하면 할수록 민주주의야말로 실패를 야기하는 원인이라는 결론이 나온다. 그림 1에서 나타난 민주주의와 경제성장의 관계는 아무래도 인과관계에 가까운 것으로 보인다. 다만 해당 분석은 이 책이 다루는 영역보다 좀 더 전문적이다. 마니아적인 관심이 있으신 분들을 위해 책의 뒷부분에 논문 개요[15]를 넣어 둔다. 논문을 읽어보기를 바란다.

경제 침체의 '리더' 격인 나라는 물론 일본이지만, 일본만 이런 처지는 아니다. 구미나 남미의 민주국가 대부분도 일본과 오십보백보로, 전 지구적 관점에서 보면 민주국가의 경제는 대체로 정체되어 왔다. 반대로 비민주 진영의 급성장은 경이롭다. 급격한 성장의 '리더' 격인 이웃 나라 중국이 있지만, 중국만 그런 건 아니다. 동남아시아, 중동, 아프리카 등 다른 비민주 국가의 약진이 눈부시다. 민주주의의 '잃어버린 20년'*이라고 할 만한 이런 현상은 중국과 미국 혹은 G7 국가를 제외해도 성립하며 어느 대륙과 지역에서도 공통적으로 나타난 글로벌한 현상이었다.

'민주주의의 잃어버린 20년'에 관해 의문이 생길 수도 있다. 이미 잘사는 민주국가가 성장기를 마쳤기 때문에 한계에 도달했을 뿐이라는 사실이다. 그렇지 않다. 예를 들어 2000년 기준 비슷한 GDP 수준이었던 민주국가와 전제정치 국가를 비교했더니 이 경우에도 민주국가일수록 경제성장이 더딘 것으로 나타났다. '이미 부유한 나라의 성장률이 낮은 건 당연하다'라는 말로 설명할 수 없는 무언가가 일어나고 있는 것으로 보인다.

| 개츠비의 당혹감, 또 다른 잃어버린 20년

"이미 잘 사는 나라의 성장률이 낮은 건 당연하다"라는 언뜻 그럴듯한 설명도 사실 지레짐작에 불과하다. 1960년대~1990년대에는 이미 부유한 민주국가가 가난한 전제국가와 비슷하거나 더 높은 성장률을 자랑했다. 특히 1인당 GDP 성장률을 살펴보면 1990년대까지만 해도 잘 사는 나라일수록 성장률이 높은 경향을 보였다.

---

* 일본의 경기 침체가 1991년부터 20여 년 넘게 이어진 것을 가리키는 용어.

"한 가지 확실한 것이 있다. 이보다 더 확실한 것은 없을 정도다. 부자는 점점 더 부자가 된다. 반면 가난한 자들이 늘릴 수 있는 건 아이들 정도다."(스콧 피츠제럴드 『위대한 개츠비』[16])

우월감에 찬 소설 속 주인공 개츠비의 말이다. 자본주의 국가에서의 경험으로 알게 된 사회통념(경험칙)이 20세기까지는 통용됐다. 민주국가에서는 법의 지배가 널리 퍼져 재산권도 제대로 보장받았다. 높으신 분이나 무서운 사람이 갑자기 나타나 내 재산을 몰수할 수 있다는 걱정을 하지 않아도 된다. 자연히 투자나 사업에 전념할 수 있다. 결과적으로 민주국가일수록 경제가 성장하는 건 당연하다. 지난 세기까지는 이런 시나리오대로 세상이 돌아갔다.

하지만 21세기 초입부터 이런 경향은 사라졌다. 가난한 전제정치 국가들이 부유한 민주국가를 맹추격하기 시작했다. 정치제도와 경제성장의 관계가 근본적으로 변질된 셈이다. 이런 의미에서 '민주주의의 잃어버린 20년'은 20세기에는 볼 수 없었던 21세기 특유의 현상이다.

과거 냉전 붕괴를 목격한 정치학자 프랜시스 후쿠야마는 1989년 민주주의와 자본주의의 결혼으로 인한 '역사의 종말'을 선언했다.[17] 아이러니하게도 그 선언이 이뤄진 바로 그 무렵부터 민주주의와 자본주의의 2인3각이 뒤엉키기 시작했고 경제성장에 영향을 주었다. 역사의 끝은 새로운 역사의 시작이었다.

후쿠야마도 그런 상황을 모르지는 않았다. 자유민주주의가 궁극의 이데올로기*라는 말을 유포했던 '확신범'인 그는 20년이 지나 출간한 『정치 질서의 기원』에는 '역사의 종말'과 같은 단순화된 영웅적 역사관을 보이지 않았다.[18] 그는 저서에서 (1) 법의 지배 (2) 강한 근대국가 (3) 설명 책임이라는 정치질서의 추상적인 성분을 어떻게 배합하여 바람직한 정치 질서를 만들어낼 수 있을지를 논의하기 시작했다.

│ 감염된 것은 민주주의 : 사람 목숨도 경제도

민주주의에 관한 나쁜 소식들이 계속되면서 병마로 쇠약해진 민주주의가 결국 강한 일격을 맞는다. 2020년 시작된 신종 코로나바이러스 감염증(코로나19)이다. 자유의 여신상이 지켜보는 미국 뉴욕에서 코로나19로 인한 사망자 시신이 쌓인 광경이 다시 떠오른다. 대조적이었던 건 일찌감치 코로나 봉쇄에 성공하면서 밀폐·밀접·밀집**이라는 3밀(3密)파티를 벌여도 끄떡없는 중국이었다. 코로나19 사태 초기 미국과 중국의 대비되는 모습을 보면 '바이러

---

* 후쿠야마는 공산주의가 패배하고 자유(혹은 자본)주의가 승리해 역사적 차원의 체제 경쟁이 끝났다고 봤다. 그러나 이후 중국 경제의 성장, 2008년 미국발 금융위기, 미국의 정치적 혼란 등으로 그의 분석이 지나치게 자유주의에 편향됐던 것이 아니냐는 비판이 나왔다.

** 일본에서 코로나19가 생기기 쉬운 조건으로 꼽은 세 가지.

그림 2-A. 2020년 각국의 코로나 사망자 수와 민주주의 지수

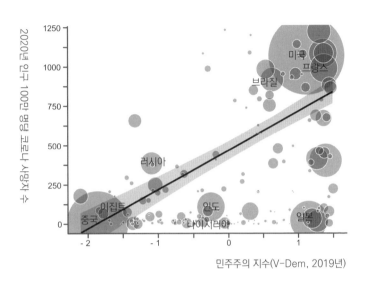

※ 원은 2019년 GDP의 크기를 나타낸다. 굵은 선은 평균 관계를 나타내는 회귀선, 회색 막대는 95% 신뢰 구간을 보여준다.

스에 걸린 건 민주주의(뉴욕 타임스)'[19]인가 싶을 정도였다.

　미국의 실패와 중국의 성공, 이 또한 민주주의의 부작용일까? 우리의 분석을 2020년 이후 코로나19 사태 시기의 자료에도 적용해 봤다. 그러자 2020년 사람 목숨과 경제를 죽인 '범인'은 민주주의로 드러났다. 민주국가일수록 코로나19로 인한 인명 피해가 컸고 2019년~2020년 경제의 추락도 컸다(그림 2-A).

　가로축은 각국의 민주주의 지표, 세로축은 2020년 기준 인구 100

만 명당 코로나19 사망자 수다. 민주주의와 코로나 사망자 수 사이에 강한 양(+)의 관계가 있음을 알 수 있다. 미국, 프랑스, 브라질처럼 민주주의의 대표선수 격이라 할 수 있는 국가들은 오른쪽 상단에 위치해 코로나19로 철저히 망가진 모습이었다. 브라질의 경우에는 심지어 보우소나루 전 대통령이 "코로나19 백신을 맞으면 악어로 변할 수 있다"라며 국민에게 백신을 맞지 말라고 말했을 정도다.[20]

반면 왼쪽 아래에 있는 중국은 코로나19 초기 봉쇄에 성공했다. 더 흥미로운 점은 중동, 아프리카 등 귀족주의적이거나 군사주의적인 비민주국가들도 코로나19를 억누르는 데 성공한 경우가 많았다는 점이다.

다만 이 통계만으로는 설득력이 약할 수 있다. 전제주의 국가가 발표하는 코로나19 사망자 데이터는 신뢰성이 낮고 조작됐을 수 있기 때문이다.[21] 하지만 민주주의의 저주는 경제 측면에서도 마찬가지였다. 세로축에 코로나19 사망자 숫자 대신 코로나 시기 연간 경제성장률을 넣었더니, 민주주의와 경제성장 사이에 분명한 음(-)의 관계를 볼 수 있었다(그림 2-B).

코로나19 사태 전인 2001~2019년 연평균 GDP 성장률과의 관계를 본 그림 1과 놀라울 정도로 비슷하다. 유일한 차이점은 평상시인 2001~2019년과 비교해서 코로나 시기의 GDP 성장률이 전 세계적으로 5%가량 낮았다는 점이다.

민주주의적인 나라일수록 사람 목숨과 돈을 더 많이 잃었다. 코로나19 사태 초기 민주국가들이 실패한 원인으로 민주주의를 꼽을 수

그림 2-B 각국의 코로나 19 기간 GDP 성장률과 민주주의 지수

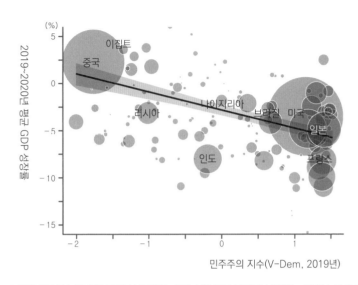

※ 원은 2019년 GDP의 크기를 나타낸다. 굵은 선은 평균 관계를 나타내는 회귀선, 회색 막대는 95% 신뢰 구간을 보여준다.

있다는 의미다. 이는 2020년 코로나19 사태 초기에 자주 논의됐던 '목숨이냐 경제냐'의 양자택일(trade-off, 트레이드오프) 논의가 빗나갔다는 걸 의미한다. 현실에는 인명(人命)도 경제도 구할 수 있었던 나라와, 인명도 경제도 죽여 버린 나라가 있을 뿐이었다.

| 중우론의 유혹을 넘어

왜 민주주의는 실패하는가? 2019년까지 유럽연합(EU) 집행위원장이었던 장 클로드 융커는 작은 목소리로 이렇게 언급한 적이 있다.

"무엇을 해야 할지 정치인들은 안다. 할 일을 하면 재선이 안 되는 것까지도 말이다"[22]

어리석은 유권자가 민주주의를 갉아먹고 있다는 관념이 세계의 절반을 망령처럼 뒤덮고 있다. 태고(太古)적부터 우리를 괴롭혀온 '중우론(衆愚論)'이다.

그러나 신중해야 한다. 사실 중우론만으로는 설명되지 않는다. 이미 말했듯 20세기 후반까지만 해도 민주국가는 더 빨리 부유해지고 부자가 된 뒤에도 높은 경제성장률을 자랑했다. 실제로 중세부터 20세기까지 수백 년간의 경제성장에는 민주주의적 정치제도가 좋은 영향을 미쳤음을 보여주는 다양한 연구가 있다[23]. 영유아 사망률과 같은 공중위생지표 측면에서도 민주주의적 정치제도(특히 공정한 선거 도입)가 역사적으로 좋은 영향을 미쳤음을 보여준다. 공정한 선거가 있어, 정치인들이 취약계층의 요구에 민감하게 됐고, 결과적으로 공중위생이 개선됐다.[24]

20세기까지의 이런 경험을 감안할 때 원래 부유했던 민주국가의

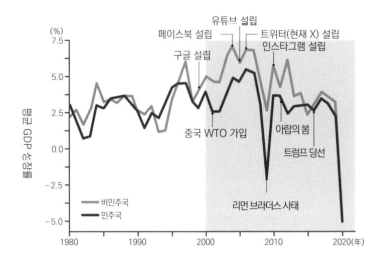

그림 3 민주 VS 비민주국가의 경제성장 변천

경제가 이번 세기 들어 침체되기 시작한 데는 중우론을 넘어선 이유가 있을 것이다. 이번 세기만이 가진 '민주주의 추락의 진짜 이유'를 밝히기 위해 먼저 민주주의의 잃어버린 20년이 어떤 시대였는지를 되돌아보자(그림 3).

┃ 21세기의 추억

민주주의의 '잃어버린 20년'이 시작된 2000년 전후는 우연인지 필연인지 세계 경제를 주름잡게 될 독점 IT 플랫폼 기업들이 등장해 발흥(勃興)한 시기와 겹친다. 거대 전자상거래 기업 아마존 창업이 1994년, 구글 탄생은 1998년이다.

그 직후에 마찬가지로 똑같이 중대하지만 그다지 눈에 띄지 않는 일이 일어났다. 또 하나의 슈퍼파워인 중국의 WTO(세계무역기구) 가입이다. 언뜻 보기에 별일 아닌 듯한 이 사건은, 그러나 세계 경제에 큰 충격을 줬다.

당시는 미국 제조업이 추락하면서 수백만 명 이상이 실직했다. 이런 상황의 상당 부분은 중국의 WTO 가입 그리고 중국 무역의 폭증으로 설명된다는 연구가 있다[25].

중국의 WTO 가입이 상징하는 '중국발 쇼크'가 과거 미국 제조업 노동자들이 형성한 '중산층' 일자리를 빼앗고 빈부 격차를 확대해 결과적으로 2016년 도널드 트럼프 대통령이 탄생하게 된 원인이 됐다는 연구마저 있을 정도다[26].

중국 영향력의 폭발적 증대와 더불어 IT 플랫폼 기업 생태계의 발전도 심화했다. 2005년쯤 페이스북, 유튜브, 트위터(현재 X) 등의 기업이 생겨났고 SNS 혁명이 일어났다.

그러고는 위기가 닥쳤다. 리먼 브라더스 쇼크(금융위기)가 있었던 2008년은 민주국가의 경제적 실패가 특히 두드러졌다. 경제 위기에 빠진 나라는 대부분 민주국가였고 민주국가와 비민주국가의 경제 성장률 차이가 가장 벌어진 시점이 2009년이었다.

사실 리먼 쇼크뿐만이 아니다. 지난 200년간 전 세계 국가를 대상으로 한 분석에 따르면 민주국가일수록 금융위기가 일어나기 쉬웠다는 연구가 있다[27]. 은행 인출 파동(뱅크런), 점포 폐쇄, 합병, 국유화 등이 민주국가의 전형적인 위기 사례다. 여러 기관과 여론이 서로 감시했던 탓에 오히려 뒷북 대응을 불러온 게 원인이라는 분석도 있다.

이 같은 위기는 계속됐다. 리먼 쇼크 직후인 2010년부터 일어난 아랍의 봄이다. 일부 전문가만이 기억하는 이야기지만, 인터넷이나 스마트폰을 매개로 일어난 중동·북아프리카의 민주화 운동이다. 아랍의 봄은 세계적인 주목을 받았지만 1년도 안 되어 실패했다. 오히려 상황이 '반전'되면서 전제정권 강화와 내전 발발로 귀결되는 비극이 벌어졌다.

인터넷과 정치의 화학반응은 그 이후에도 격화했다. 2016년 영국의 유럽연합(EU) 탈퇴(브렉시트, Brexit)를 결정한 국민투표, 도널드 트럼프의 미국 대통령 당선 등이 좋은 사례다. 그리고 2020년 코로나19 사태가 찾아왔다. 지난 수십 년간 이런 사건들 속에서 민주국가의 경제는 줄곧 경련을 일으켜왔다.

대의 민주주의가 비상사태에 취약하다는 관찰은 오래전부터 있었다. 하지만 여기까지의 분석으로 알 수 있는 점은 민주주의의 잃어버린 20년은 2008년 리먼 쇼크, 2020년 코로나19 사태와 같은 비상시에만 일어나는 현상이 아니라는 점이다.

평상시에도 민주주의는 계속 경련해 왔다. 유사시에도 평상시에도 말이다.

| '열화'의 해부학: 선동, 증오, 분단, 폐쇄

21세기의 첫 21년 동안 대체 무엇이 민주국가를 추락하게 만들었을까? 힌트는 지금까지 들여다본 데이터와 회고에 있다. 인터넷, SNS의 침투와 함께 민주주의의 '열화'가 일어났다는 점이다. 민주국가 중에서 폐쇄적이고 근시안적인 국가에서는 자본 투자, 수출입 등 미래와 타인에게 열려 있던 경제의 주요 동력이 약해졌다.

열화라는 말이 미디어를 들썩이게 만든 지도 오래다. '민주주의의 열화', '사회의 열화'… 아시아나 구미에서도 비슷한 우려가 메아리치고 있다. 성숙하고 풍요로운 민주주의 세계를 뒤덮은 이번 세기의 위기가 바로 열화다.

그동안 민주국가에서는 표현의 자유, 언론의 자유가 예전보다 위축됐다는 우려가 제기되어 왔다. 그리고 최근 20~30년간 일어난 기술 혁명으로 민주주의 사회 속에서 일어나는 정보 유통과 커뮤니케이션 방식이 크게 바뀌었다. 거칠게 말하면 인터넷과 SNS로 인해, 정치가 사람들의 목소리에 더 빠르고 강하게 반응하게 되었다. 이로 인해 사람들을 선동하고 분열시키는 경향이 커졌다는 우려가 높아졌다.

확실히 정치가 TV나 SNS에서의 페이지뷰* 경쟁에 얽매여 터무

---

* PV라고 함. 웹 사이트에 얼마나 많은 이용자들이 방문하는가를 나타내는 척도.

니없이 과격해지고 있다는 느낌이 강하다. 상징적인 존재는 도널드 트럼프 전 미국 대통령이나 남미와 유럽의 '미니 트럼프' 같은 지도자들이다. 가상의 적을 내세우고, 몰아세우며, 깎아내리는 말과 행동 그리고 비과학적이지만 사람들을 흥분시키는 언어로 대중의 이목을 끌어 지명도를 높이는 사람들이 결국 선거에서 이긴다. 필자도 요즘 음모론 콘텐츠를 매일 빼놓지 않고 읽다가, 여기에 빠져드는 사람들이 왜 이렇게 가슴이 뛰는지 나도 모르게 공감한 적이 있다.

그 발언이 올바른지는 차치하고, 일단 얼굴이 계속 미디어에 노출되는 일 그리고 기사의 표제가 되는 일이 정치인들에겐 중요하다. 얼마나 귀에 거슬리는 극단적 발언을 쏟아낼 수 있을지를 두고 정치인들은 치킨게임*에 빠져 있다.

그렇다고 해도 이렇게만 설명하면 그저 인상론이나 에피소드에 불과하다. 그런 기분이 든다는 정도가 아니라, 실태를 파악하기 위해 데이터도 살펴보자. 앞서 밝힌 '민주주의 다양성(V-Dem)' 프로젝트는 민주주의와 전제주의 현황을 여러 지표로 관측하고자 전 세계 국가를 대상으로 데이터를 수집하고 있다.

V-Dem 데이터를 보면 이번 세기 들어 민주주의의 척추를 이루는 구성 요소들이 무너지기 시작했다. 민주주의를 위협하는 전형적 요소는 이렇다.

---

* 어느 한 쪽이 양보하지 않을 경우 양쪽이 모두 파국으로 치닫게 되는 극단적인 게임.

(1) 정당과 정치인의 포퓰리즘적 말과 행동(언동)

(2) 정당과 정치인의 헤이트 스피치(편파적인 발언, 언어 폭력)

(3) 정치사상·이데올로기의 분단(양극화)

(4) 보호무역주의 정책에 의한 무역 자유의 제한 강화

우선 이 모든 위협이 21세기 들어 전 세계적으로 높아진 걸로 나타났다. 이런 경향은 2010년 이후 특히 현저하다. 흥미로운 점은 원래 민주주의적이었던 나라에서 (1)~(4)번의 민주주의에 대한 위협이 특히 고조되고 있다는 점이다. 그림 4가 이를 잘 보여준다.

그림 4 민주주의의 열화

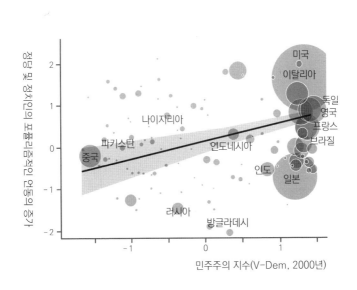

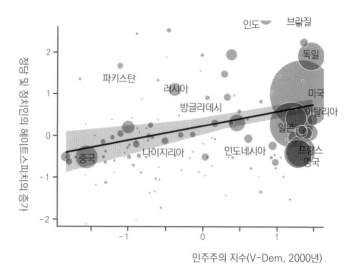

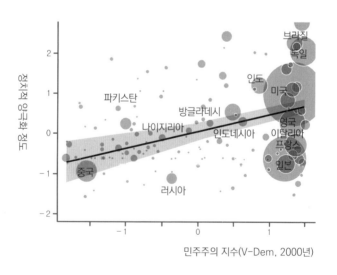

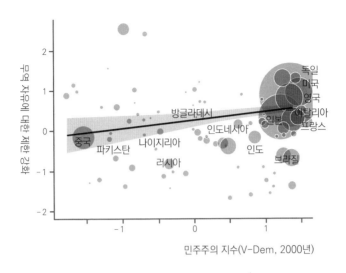

무역 자유에 대한 제한 강화 (세로축)
민주주의 지수(V-Dem, 2000년) (가로축)

독일
미국
영국
이탈리아
프랑스
일본
방글라데시
인도네시아
인도
브라질
중국
파키스탄
나이지리아
러시아

※ 가로축, 세로축 모두 단위는 표준편차. 0은 세로축의 변화 정도가 평균인 국가, 1은 세로축의 변화 정도가 평균보다 1표준편차(편차치 환산 10)만큼 큰 나라다.

가로축은 각국의 민주주의 정도, 세로축에는 ⑴~⑷번 항목에 있어서 각국의 과거 20년간 변화(증가분)이다. 둘은 확연히 정(正)의 관계다.

즉, 민주주의적인 나라일수록 민주주의에 대한 위협이 커지고 있다는 사실이다. 이런 경향은 미국뿐만 아니라 민주국가 전반에서 목격된다. 사실 미국은 평균 수준이었고, 독일 등 다른 민주국가에서야말로 보다 극단적으로 민주주의가 망가지는 열화 경향이 보인다. 옛날의, 그 좋았던 민주국가의 민주주의는 확실히 망가지고 있다.[28]

망가진 것은 정치뿐만이 아니다. 민주국가에서의 열화는 사업 활동이나 경제정책에서도 나타났다.

첫째, 2000년대 들어 민주국가일수록 무역 성장이 둔화됐다는 점이다. 여러 국가가 자국 우선주의로 보호주의적 무역정책을 취하고 있는 상황과도 맞아떨어진다.

이를 상징하는 에피소드가 트럼프 전 대통령의 위협 소동이다. 트럼프 전 대통령은 멕시코 등 해외로 제조 거점을 옮기던 미국 자동차업체 경영진을 앞에 두고 "공장을 미국으로 돌려보내라, 그렇지 않으면 엄청나게 높은 관세를 부과하겠다"라고 다그쳤다.[29]

이는 세계사 교과서에 나올만한 극단적인 사례지만, 민주주의 국가에서 수출과 수입이 전반적으로 정체됐다는 사실은 데이터에서도 드러난다.

둘째, 민주국가 기업일수록 자본과 설비에 대한 투자가 부진했다는 점이다. 단기 수익이 우선시 되면서 미래를 내다보는 투자 활동이 어려워지고 있는 점도 하나의 이유다. 또는 정치 이데올로기가 양극화되고 트럼프처럼 극단적인 정책을 펴는 정치인이 늘면서 향후 세금제도나 무역정책이 어떻게 바뀔지 몰라, 투자나 무역에 소극적인 태도를 보이는 기업이 늘어났다고도 할 수 있다.

정보·커뮤니케이션 산업이 붐을 이루는 과정에서 망가져 버린 민주주의가 민주국가에 폐쇄적이고 근시안적인 분위기를 고조시키기도 했다. 이런 상황에서 21세기 들어 민주국가의 투자, 수출, 수입은 모두 부진했다. 또 민주국가의 제조업과 서비스업 생산성 역시 정체에서 벗어나지 못하고 있다. 투자나 수입과 같은 '인풋'(입력)이 둔해진다. '인풋'을 '아웃풋'(출력)으로 바꾸기 위한 노동 생산성도 오르지 않고 있다. 결국 민주국가의 경제성장은 정체되어 왔다(그림 5).

코로나19 사태가 벌어졌던 2020~2021년에는 어땠을까?

경제적으로나 치사율에 있어서나 민주주의 국가가 코로나19 사태 초기 대응에 실패했음은 이미 설명한 대로다. 왜일까? 그 원인은 명확하다. 민주국가일수록 철저하게 전체를 아우르는 봉쇄정책을 취하지 못했기 때문이다.

그림 5 민주국가 경제 정체의 이유 해부도

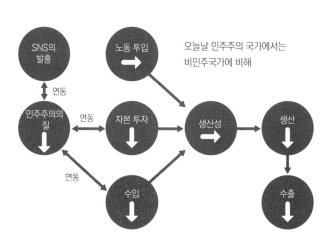

사실 빌 게이츠 마이크로소프트 창립자는 2015년 TED 강연에서 "다음 세계대전은 바이러스와의 전쟁이 될 것이다. 그런데 인류는 바이러스와의 전쟁을 위한 준비를 하지 못했다"라며 놀라울 정도로 선명하게 코로나19 사태와 같은 감염병 확산에 따른 혼란을 예언한 걸로 유명하다[30]. 여기에 버락 오바마 행정부가 도널드 트럼프 행정부로 인수인계를 하면서 미래에 감염병 위기가 올 수 있다는 점을 강조했다는 사실도 공개적으로 알려졌다[31].

이처럼 민주주의를 상징하는 세계 제일의 강대국인 미국에서, 세계에서 가장 영향력 있는 경제인과 정치인이 감염병과 관련한 구체적인 이야기를 오래전부터 해왔다. 그럼에도 불구하고 그 경고를 미국과 다른 민주국가들은 보기 좋게 무시했다.

비슷한 불감증은 코로나19 사태가 시작된 이후에도 계속됐다. 전제국가의 봉쇄 정책을 민주국가가 직접 따라 하기는 법적으로도 어렵다. 하지만 국지적 성공 사례도 있었다. 가령 필자의 모교인 매사추세츠공과대학교(MIT) 등 대학 혹은 몇몇 기업은 곧바로 자체 유전자증폭(PCR) 검사 체제를 정비하고 식당이나 카페테리아를 PCR 검사장으로 전환했다. 이를 통해 얻은 검사 결과를 ID 시스템에 연결해 음성 증명이 있는 관계자에게만 건물 문이 열리는 캠퍼스 중앙집권 관리체제를 만들었다. 결과적으로 대학 캠퍼스 내 감염자 수는 낮은 수치를 유지했다[32]. 이렇게 민간에 성공 사례가 있었음에도 이를 지자체나 정부 주도로 재현·확대해 간 민주국가는 많지 않았다.

코로나 사태라는 위기 앞에서 많은 민주국가가 얼마나 무기력했

는지를 돌아보며 일본의 전설적인 코멘테이터*인 다테가와 단시(立
川談志)**의 이런 말이 떠오른다.

"술이 인간을 망치는 게 아니다. 인간은 원래 안 된다는 점을
술이 가르쳐 주는 것이다."

이 표현을 민주주의에 적용할 수도 있다.

"민주주의가 인간을 망치는 게 아니다. 인간은 원래 안 된다는
점을 민주주의가 가르쳐 주는 것이다."

인터넷과 SNS로 인해 민주주의라는 '거울'은 과도하게 잘 닦였고,
그 결과 여론이라고 하는 생물을 '모공' 속까지 비추어보게 됐다. 인
간 집단이 얼마나 결단을 내리지 못하고, 버티지 못하는 존재인가가
민주국가에서 백일하에 드러났다. 이런 점이 2020~2021년 코로나
19 사태의 교훈 중 하나였다.

다만 코로나 백신 보급 이후인 2021~2022년에는 양상이 꽤 바뀌

---

* TV 방송 등에 출연해 코멘트를 하는 사람.

** 일본의 라쿠고 예술가. 라쿠고(落語)는 무대에서 한 사람이 음악이나 무대효과를 사용
하지 않고 몸짓과 입담만으로 이야기를 풀어나가는 일본의 전통 공연으로 스탠드업 코미
디와 비슷하다.

었다는 점을 염두에 둬야 한다. 많은 민주국가가 높은 백신 접종률을 달성한 반면, 초기 봉쇄에 성공하면서 백신 접종이 좀처럼 진행되지 않았던 중국 등 일부 국가에서는 확진자 수와 사망자 수가 늘면서 봉쇄로 인한 혼란이 이어졌다. 일종의 '혁신자 딜레마'*가 일어난 셈이다. 코로나19 사태 전체에서 민주주의의 역할에 대해서는 지금으로부터 몇 년이 지나 거시 경제와 공중 보건에 대한 최종 데이터가 나온 후 결론을 내야 할 것이다.

| 속도와 정치21 : SNS에 의한 변주

평상시든 유사시든 민주국가는 손을 뻗어야 할 곳에 제대로 뻗지 못하는 미적지근함이 있다. 그런데 코로나19 등 바이러스 감염, 인터넷 소프트웨어 산업의 성장, 금융 위기, 인터넷상의 정보 확산 등 21세기의 주요 현상에는 공통점이 있다. 바로 보통 사람의 직감을 뛰어넘는 속도와 규모로 반응이 폭발한다는 점이다. 폭발에는 사용자 트래픽처럼 좋은 것도, 감염처럼 나쁜 것도 있다. 이런 세계에서는 폭발 '이전에' 철저한 투자나 대책을 위해 일시적으로 극심한 적자나 손해를 감당할 수 있느냐가 성공의 열쇠다. 언뜻 보면

---

* 새로 도입한 기술 및 시스템의 성공에 도취돼 추가 혁신이 늦어지는 현상을 의미.

낭비처럼 보이는 적자나 손해를 기꺼이 감수해야 한다. 이는 일종의 사이코패스적 성향일 수도 있다.

평범한 사람의 일상적 감각에 반하는 엄청난 손해를 감수하기 위해 인류가 만들어낸 것이 있다. 리스크를 기꺼이 감수하는 벤처캐피털 산업이나 긴급사태 조항*이 그것이다. 그러나 이것 역시 주류가 아닌 틈새시장에 불과하다.

"인류 최대 발명은 복리다. 아는 사람은 복리로 벌고, 모르는 사람은 이자를 낸다."

알베르트 아인슈타인의 말이다. 리볼빙 방식으로 빚을 갚을 때 이자가 복리로 붙고, 승부가 진행될 때마다 베팅액이 급격히 늘어나는 게임처럼, 바이러스와 가짜 뉴스 및 중상과 비방이 사회 전반에 걷잡을 수 없이 판치게 됐다. 하지만 선진국 시민이 받는 의무교육은 수십 년째 거의 변하지 않았다. 그 결과 우리는 점점 상황을 제대로 파악하지 못하는, 세상 물정 모르는 인류가 되어 가고 있다.

엄청난 속도와 규모로 해결해야 할 과제가 늘어나는 세계에서 평

---

* 일본 자민당이 2012년 제안한 '일본국 헌법개정' 초안에 있는 긴급사태조항. 동일본 대지진 재해 대응의 실수를 교훈 삼아 추가한 조항이다. 내각이 국회 동의를 거치지 않고 기본권 제한 등 강제 공권력 행사를 가능케 한다. 이 조항은 정부에 권한이 집중되고 국민의 권리를 크게 제약한다는 비판을 받았다.

범한 사람의 여론을 미리 배려하고 여기에 아부해야만 하는 민주주의는 어쩌면 타락할 운명인지도 모른다.[33] 21세기의 현상을 토대로 소프트웨어를 업데이트한 '중우정치'라고 해도 좋다. 세계의 절반이 민주주의 때문에 정치적 세금과 이자를 돈과 목숨으로 지불하는 것처럼 보이기도 한다.

| 소선거구 제도에서는 일을 하면 오히려 표가 준다

"소선거구 제도에서는 (해야 하는) 일을 하면 오히려 표가 줄어요."* 유명한 일본의 전 장관이자 현 국회의원인 자민당의 가타야마 사쓰키(片山さつき) 의원과 필자가 이야기를 나눴을 때, 그가 무심코 한 말이다.[34]

그의 말마따나 선거라는 인연으로 맺어진 유권자와 정치인의 2인 3각은 취약하다. 정치인은 유권자에게 고통을 주는 문제를 신속하게 판단하고 해결하는 일에 서투르다. 유권자의 미래를 위한 개혁에도 서투르다. 또 정치인은 서민의 감각에 반하는 전문가적 혹은 기술적 판단을 쉽게 내리지 못한다.

---

* 하나의 선거구에서 1명의 당선자를 뽑는 소선거구 제도에서는 유력한 정당이나 후보가 있을 경우 후보자 간 경쟁이 사실상 없어 적극적인 활동을 하지 않는 편이 오히려 당선에 유리할 수 있다는 의미.

거의 아무도 관심을 두지 않는 과학기술이나 고등교육에 왜 국가가 투자해야 하는가? 2008년 리먼 브러더스로 대표되는 금융위기 초기, 자업자득으로 위기에 빠진 금융기관을 그래도 구제하는 게 좋은 이유는 무엇일까? 감염병 유행 초기에는 사회경제 시스템을 강제로 중단해서라도 가능한 한 빨리 봉쇄 정책을 써야 하는 이유는 무엇일까?

이런 물음에 대한 올바른 답을 내놓은 것 자체도 어렵지만, 어떤 답을 내놓아도 그 답이 옳음을 설명하기란 어렵다. 어떤 대책이 효과를 볼 때까지는 오랜 시간이 걸리기 때문이다. 그리고 대책 마련을 게을리하면 문제가 기하급수적으로 악화하는 상황을 '평균적 인간'(유권자)이 이해하기란 어렵다. 그래서 이런 문제를 다루는 과학자와 전문가가 있다.

하지만 소위 전문가들조차 확실한 정답이나 근거를 갖고 있지 않는 경우가 많다. 하물며 TV에 기껏해야 30초 나오는 정치인이 중학생도 이해 가능한 언어로 시청자를 완벽하게 설득하기란 무리다.

반면 눈앞의 경기부양책이나 보조금의 경우, 그 자리에서 돈뭉치를 풀면 곧바로 그 의미와 효용이 설명된다. 정치인이 설명하기 쉬운 정책을 지향하는 것은 그들이 바보라서도, 악해서도 아니다. 물이 높은 곳에서 낮은 곳으로 흐르는 것과 같이 자연스러운 현상이다.

이런 현상은 인터넷과 SNS에서 강화되면서 기술과 사회의 복잡성이 늘어난 21세기에 점점 심각해지고 있다. '여론에 감시당하는 정치인이 정작 해야 할 일을 하지 않는다. 그런 경향이 인터넷과 SNS

에 의해 악화하고 있다'는 점이 가장 큰 문제다. 이 문제가 바로 민주주의기 저주받은 원인으로 보인다.

데마고그·나치·SNS

돌이켜보면 수천 년 전부터 일관되게 민주주의는 부자연스러운 사상이자 기묘한 제도였다. 도대체 누가 사람의 생활은 물론 목숨마저 좌우하는 중요한 결단을 일반인 설문조사에 맡기려 했을까? 민주주의에 대한 절망은 사실 인류의 고질병이다. 입헌 민주주의 운동 전에 이뤄졌던 봉건 영주와 귀족의 횡포는 가혹했다. 하지만 민주주의에서 발생하는 대중의 횡포가 귀족의 그것보다 낫다고 믿을 이유도 거의 없다. 아리스토텔레스는 기원전에 쓴 『정치학』에서 이렇게 말했다[35].

"극단적인 민주제로부터(...) 독재가 생겨난다."

민주주의가 시작된 곳으로 알려진 기원전 고대 아테네 자체가 민주주의 실패의 첫 사례다. 지금의 국가나 대도시에 비하면 인구가 적었던 아테네에서는 18세 이상의 남성 시민은 누구나 민회*라고 불리는 최고 의결기관에 참가할 수 있었다. 성인 남성에 한정된 직접민주제가 실현된 것이다.

그러나 민주제 도입을 뒷받침했던 지도자 페리클레스가 사망한 이후 데마고그**로 불리는 선동 정치인들이 늘었다. 독일어로 유언비어(Demagogie)라는 말의 유래가 되기도 했던 사람들이다. 데마고그의 등장으로 아테네는 중우정치에 빠졌다. 어리석은 민중은 아리스토텔레스의 '스승의 스승'이기도 했던 소크라테스를 사형에 처했다. 선동하는 정치인들에 의한, 지금까지도 지속되는 포퓰리즘이라는 고질병으로 아테네의 폴리스 민주정치는 붕괴했다.

이처럼 시작부터 시행착오를 거치면서 오랜 시간 대중의 품에 안긴 민주주의가 정치 세계의 표준이 된 건 최근 200여 년에 불과하다. 하지만 젊고 풋풋한 실험이었던 근대 민주주의는 이미 늙었다. 늙음과 미숙함의 마리아주(결합·결혼)가 오늘날 민주주의의 맛이자 위기이기도 하다.

민주주의가 보편적 이념처럼 보이지만, 오늘날 우리가 민주주의라고 부르는 제도는 수백 년 전 사람들이 구상한 사양에 기초하고 있다. 즉, 지금의 민주주의는 중세의 생활과 기술 환경에 맞게 만들어진 것이다. 당시 대부분 사람들은 태어난 땅에서 자랐고 오직 생

---

* 民會, 고대 그리스와 로마에 있었던 시민 총회.

** demagogue, 지킬 수 없는 공약을 앞세운 선동으로 권력을 획득·유지·강화하는 정치인.

존을 위해 놀라울 정도로 열심히 일하다가 젊은 나이에 죽었다. 정보 유통과 커뮤니케이션 속도도 느렸다. 정보 전달은 소문이 중심이었고, 미디어라고 해도 입간판이나 사치품으로서의 신문이나 잡지 정도였다. 뉴스는 사건 발생으로부터 몇 주에서 몇 달이 지나서야 사람들에게 도착했다.

사람도 정보도 빠르게 이동하지 않는 세계에서 민주주의가 만들어졌다. 이동에 따른 비용, 정보나 의견을 교환하는 비용도 모두 컸기 때문에 사람들은 정해진 날짜와 장소에 모여 의견을 주고받고 집계하여 이를 발표하는 축제를 자연스럽게 받아들였다. 그 축제가 바로 선거다. 선거는 국가나 공동체로서의 일체감을 빚어내는 일종의 '효모' 역할을 했다.

그런데 지금으로부터 50년~150년 전쯤 라디오와 TV 같은 대중 매체가 등장했다. 미디어는 곧 정치를 침식했다. 나치 독일도 미디어를 활용한 선동이 있었기에 가능했다. 제1차 세계대전과 대공황을 거친 1930년 전후 독일에서는 피폐한 경제와 정치의 구세주로 공산당이 인기를 누렸다. 공산당의 대두를 두려워하는 사람들이 늘었는데, 엘리트 정치인과 거리가 먼 지방정당이었던 나치가 이런 상황을 역이용했다.

예를 들면 이런 식이다. 나치 당원이 공산당 집회에 뛰어들어 난투극을 벌여 공산당원을 살해한다. 그러면 사건이 신문 1면에 실린다. 소동이 반복되면서 나치의 이름이 끊임없이 신문에 언급되는 상황이 반복된다. 그러면서 나치 가입자가 엄청난 기세로 증가했다.[36]

현대 사회의 '악플 마케팅'*그 자체다.

미디어와 민주주의의 화학반응은 미디어 자체만큼이나 오래되었다. 이는 100년 전부터 다양한 형태로 변주되고 있다. 단지 과거에는 미디어 숫자가 적었고 단방향 매스미디어가 중심이었던데다 도달 속도도 빠르지 않았다. 미디어의 힘을 완전히 활용할 수 있는 사람들도 극히 일부로, 나치와 같은 극단적인 야심가들뿐이었다.

하지만 지금은 개인 미디어가 발달하고 있으며 모든 소통이 실시간으로 글로벌하게 이뤄진다. 모든 사람이 글로벌 매스미디어를 소유하고 있는 것과 같다. 모든 정치인이 포퓰리스트가 될 수밖에 없는 이유다. 트럼프처럼 페이지뷰가 많은 포퓰리스트의 목소리는 햇빛처럼 연중무휴로 인류의 머리 위에 쏟아진다. 진화한 기술을 이용하여 커뮤니케이션의 속도와 양을 장악한 포퓰리즘의 강렬한 빛이 선거와 정치를 불태우고 있다.

정보통신 환경이 확 바뀐 것 자체는 문제가 아니다. 정보통신 환경의 변화는 인류가 피하기 어려운 진화다. 진짜 문제는 정보통신 환경이 급변했음에도 불구하고, 선거 설계와 운용이 거의 변하지 않았다는 사실이다. 아직도 인터넷 투표는 요원하다. 투표는 오로지 종이로 이뤄지고 있다. "종이를 주의하라! 종이는 데이터의 무덤이다[37]" 종이 투표로 이뤄지는 선거가 포퓰리스트 정치인의 태양 빛

---

* 원문은 炎上商法. 의도적으로 비방하는 댓글이 쇄도하도록 유도해 선전 효과를 얻는 전략.

앞에 타버리는 건 결코 우연이 아니다.

｜위선적 리버럴리즘과 일부러 결점을 드러내는 포퓰리즘의 롤러코스터

인간은 주위의 목소리나 그 자리의 분위기, 정보 등에 휩쓸리기 쉽다. 회의실에서 다른 사람이 의견을 구하면, 어디선가 들은 듯한 별 문제없는 이야기를 할지, 옆 사람에게 맞장구칠지, 아니면 묘하게 거꾸로 의견을 내볼지 정도밖에 생각할 수 없다. 문제는 그런 '샤이(Shy)'함으로 눈앞의 상황을 모면하려는 인간의 연약함이 거대한 SNS에 의해 집약되고 증폭돼 그대로 선거에 흡수되고 있다는 점이다.

애당초 선거는 모두의 몸과 마음이 동기화되는 축제이므로 분위기*에 휩쓸려 동조 행동을 하기 십상이다. 수백 년 전만 해도 동조행동은 좁은 촌락 안에 갇혀 있는 지인 사이에서 이뤄졌다. 하지만 미디어가 존재하는 현재, 동조는 국가나 지구 단위로 전파된다. 게다가 생활과 가치가 세분화되면서 정책 논점도 세분화·다양화하고 있는데, 아직 투표 대상은 여전히 정치인 또는 정당뿐이다. 여러 가지

---

* 원문은 空氣. 일본어에서는 분위기를 읽으라는 말을 '공기를 읽으라'고 표현한다.

정책이나 논점에 세세하게 목소리를 낼 수 없다는 이야기다.

이런 환경에서 정치인들은 단순 명쾌하고 극단적인 캐릭터를 만들 수밖에 없다. 위선적인 리버럴리즘과 결점을 일부러 드러내는 포퓰리즘이 롤러코스터를 타면서 세계 정치는 기절하기 일보 직전이다.

| 그리고 자본주의가 독주한다

민주주의가 의식을 잃은 사이, 고삐 풀린 자본주의가 날뛰고 있다. 평범한 원숭이 일러스트일 뿐인데 롯폰기에 있는 고급 타워맨션보다 더 비싼 가격이 붙는 NFT(Non-Fungible Token, 대체불가토큰). 매출도 없는 회사가 시가 총액 1조 엔(약 10조 원)에 증시에 상장하는 SPAC(Special Purpose Acquisition Company, 특별인수목적회사). 신원을 알 수 없는, 후줄근한 티셔츠를 입은* 젊은이들이 만들어낸 '코드' 몇 줄이 10여 년 만에 시가총액 몇 십조 엔짜리가 되는 암호화폐까지. 마치 모든 것이 자본주의가 될 듯한 기세다.

---

* 원문은 '요레요레(ㅋㄹㅋㄴ)', 꼬질꼬질하다는 뜻.

제
2
장

투
쟁

1인 1표가 정말 좋은가?
선거구는 지역별로 정하면 되는가?
회사 경영자는 성과에 따른 보수를 받는 게 당연한데
정치인 보수는 왜 고정해 놓았나?
선거 및 관련 제도를 어떻게 개조해야 할까?

민주주의가 중병을 앓고 있다. 그러나 2022년 러시아의 우크라이나 침공과 코로나19 사태 후기에 발생한 중국 봉쇄(셧다운)에 의한 혼란 등 여러 가지 이유로 지금의 민주주의에 대한 위기감은 흐려지고 있다. 사람들의 관심도 적다.

하지만 지금 민주주의 국가는 최소한의 진통제를 맞고 있을 뿐임을 잊지 말아야 한다. 러시아나 중국 등의 독재자나 전제 정권이 자책골로 무너졌다고 해도 민주국가에 내재된 문제는 아무것도 해결되지 않았기 때문이다.

적의 자폭을 비웃을 겨를이 있다면 아군의 장비를 정비하고 사기가 떨어진 해이함을 바로잡아야 한다.

│ 투쟁·도주·구상

그렇다면 중병을 앓고 있는 민주주의가 이번 세기를 버텨내기 위해서는 무엇이 필요할까?

해답이 독재·전제 체제로의 회귀가 아님은 분명하다. 러시아의 자폭에 가까운 우크라이나 침공이나, 어떤 일이 생길지 짐작조차 어려운 중국의 사회와 경제 분위기만 봐도 그렇다. 우리에게 필요한 건 지금 그대로의 민주주의도, 카리스마 있는 한 사람이나 광인에게 의존하는 전제 체제도 아니다.

민주정권-전제정권의 이항 대립을 넘어 민주주의의 다음 모습으로의 탈피가 필요하다. 그런 탈피를 위해 세 가지 처방전을 차례로 생각해 보자. 제2장 민주주의와의 투쟁, 제3장 민주주의로부터의 도주 그리고 제4장 새로운 민주주의 구상이다. 투쟁·도주·구상을 차례로 살펴보려 한다.

첫째 '투쟁'은 민주주의의 현주소와 우직하게 마주하고, 당면한 문제와 싸워 저주를 풀려는 행위다. 선거에 근거하는 민주주의 구조나 아이디어를 전제로 이를 조정하고 개선하는 행위라고 해도 좋다. 하지만 어떤 조정이나 개선이 필요할까?

문제 해결을 위해선 우선 문제의 근본적인 구조를 들여다볼 필요가 있다. 인터넷과 SNS의 침투가 가속화하면서 외국인과 소수자 혐오 발언이 늘었고, 그 결과 민주주의는 망가졌다. 그렇지 않아도 동네 사람들의 축제였던 선거가 자중지란이 되었다. 이런 가운데 민주국가의 정치나 정책 및 운영은 더 폐쇄적이고 근시안적으로 변했다. 그리고 미래를 위한 투자나 외국과의 무역 등 경제의 주 원동력이 약화된 점 등 모든 것이 민주주의의 '잃어버린 20년'을 일으킨 원인이었다.

그렇다면 저주의 선을 따라 메스를 대는 것이 조정과 개선의 지름길이다. SNS, 선거, 정책의 악순환 어딘가에 쐐기를 박는 시도가 필요하다.

　(1) 유권자의 머릿속에서 극단화를 유발하는 SNS에 개입해 오염 물질을 제거한다.

⑵ 유권자가 정치인을 뽑는 선거의 규칙을 미래·외부·타인 지향적으로 바꾼다.

⑶ 뽑힌 정치인이 미래·외부·타인을 위해 정책을 펼칠 동기부여(인센티브)를 한다.

다만 그 전에 한 가지 잊고 있었던 것이 있다. 일본이나 유럽에서 민주주의의 잃어버린 20년을 생각해 보면 하나의 '부품'이 떠오른다. 그 부품을 먼저 생각해 본 뒤 본격적으로 하나씩 논의해 보자.

│ 실버 민주주의의 절망과 공상 사이에서

민주주의가 저주받은 주요 원인은 민주국가의 정치가 폐쇄적이고 근시안적이라는 사실이다. 고대부터 인류가 한탄해 왔듯이 미래의 성과보다 당장의 여론에 눈을 돌릴 수밖에 없는 것은 선거에 노출되는 정치인에게 보편적으로 나타나는 현상이다. 특히 고령화가 된 선진국에서 이 문제는 심각하다. 이른바 실버 민주주의(고령 유권자들의 선거 지배)가 나라 전체를 뒤덮고 있는 듯이 보이기 때문이다.

과거 영국 총리였던 윈스턴 처칠(혹은 다른 누군가)이 이런 명언을 했다.

"당신이 25살일 때 진보가 아니라면 마음에 문제가 있다. 그러나 35세에 보수가 아니라면 머리에 문제가 있다."

확실히 젊은이와 어르신의 가치관에 차이가 있는 건 인류의 보편적인 현상이다. 유명인의 말을 거론할 필요도 없이 부모, 상사, 이웃집 아이를 떠올리는 걸로 충분하다.

그리고 세대 간의 충돌은 인류의 원동력이기도 했다. 마오쩌둥의 말처럼 "역사를 새로 쓰는 것은 언제나 젊고 이름 없고 가난한 병아리"[1]였다. 그렇게 '꼰대'*에 대한 분노를 가슴에 품고 혁명을 일으킨 젊은이는 이윽고 꼰대가 되어 다음 세대에 의해 매장된다. "우리는 장례식 때마다 진보한다(독일 물리학자 막스 플랑크의 말에서 유래된 영어 격언)"는 말이 있을 정도다.

그러나 21세기에 접어든 무렵부터 움직임이 예사롭지 않다. 젊은이의 분노가 절망으로 그리고 탈진으로 바뀌고 있다. 꼰대스러움과 작별해야 할 장례식이 자꾸만 지연되고 노인들에게 정치가 점거된다. 실버 민주주의에 대한 절망 그리고 탈진 현상이 일어나고 있다. 필자도 잘 아는 국회의원으로부터 "자민당의 청년국(局)이 '청년'의 정의를 '60세' 이하로 하는 것을 검토하고 있다"는 공포스러운 이야기를 들었다. 정치인이 좀비화한 노인의 상징처럼 보이는 점이 이런

---

* 원문은 노해(老害).

탈진을 더욱 심화한다.

'실버 민주주의'라는 말은 일본 특유의 조어지만 비슷한 우려는 다른 나라에서도 나왔다. 21세기 전반부에 인류 전체가 고령화되고 인구가 줄어든다는 예측이 나오고 있어서다.

『텅 빈 지구(Empty Planet)』라는 책은 21세기 중반(2050년) 세계 인구가 감소하리라는 전망을 내놓아 찬반양론을 불러일으켰다[2]. 베스트셀러인 『팩트풀니스』에서는 다가올 세계 인구 감소를 팩트로 다루고 있다.[3]

인구 감소와 고령화라는 새로운 조류가 세대 갈등이라는 오랜 전통으로 흘러들 때 실버 민주주의라는 거친 물줄기가 생겨나는 셈이다.

그런데 고령자들이 실버 민주주의의 범인인지는 알 수 없다. 고령 유권자가 정말로 "고령자를 우선시하는 게 당연하다"라고 생각하는지도 잘 모르겠다. 이 점에 대해 시사점을 주는 연구가 있다.

미래지향적 사회제도를 탐색하는 '퓨처디자인'이라는 연구팀의 실험에서 아직 태어나지 않은 미래 세대의 가상 대리인을 설정했다. 그리고 미래 가상 대리인과 현역 세대, 고령자 등이 미래 세대와 관련된 정책을 논의하게 했다. 그러자 정책을 선택할 때 미래지향적으로 바뀌었다는 결과가 나왔다.[4] 즉, 고령자가 많다고 해서 자기 세대만 생각하는 건 아니다. 고령자들의 사고가 의외로 유연해서 이야기가 통할 수도 있다는 것이다.[5]

그럼에도 불구하고 일본 자민당 핵심 정치인 상당수는 실버 민주주의적 경향을 갖고 있는 게 분명해 보인다. 2021년 자민당 총재 선거에서 이른바 어린이청(어린이 가정청) 설립이 논란에 휩싸였을 때 다카이치 사나에(高市早苗)*가 "어린이청을 만들 거면 고령자청도 만들어 달라는 목소리도 있다"고 정색하고 발언한 것이 상징적이다.[6] 정치인들은 그들 머릿속에 있는 고령자의 이미지를 미리 상정해 놓고 알아서 아부하고 있다. 실제 고령 유권자들이 무슨 생각을 하고 있는지는 알 수 없다. 하지만 고령자에게 불리할 듯한 정책을 제언하거나 발언하면, 리스크는 있어도 메리트는 거의 없어 보인다. 그렇기에 다카이치 사나에는 단순 명쾌한 발상으로 고령자청이라는 단어를 말하며 고령자들이 말을 꺼내기도 전에 미리 알아서 아부를 한 것이다.

이와는 반대로 총리까지 역임했고 돈이 많은 자산가에다 두려울 게 없는 정치인 아소 다로(麻生太郎)는 거침없이 이렇게 말했다.

> "(나이 많은 내가) 정부의 돈으로 (고액의) 의료 서비스를 받고 있다고 생각하면 잠에서 깰 때 기분이 좋지 않다. 이러니 노인들이 (연명 치료를 하지 말고) 얼른 죽을 수 있게 해야…"[7]

하지만 대부분의 정치인은 지명도, 권력, 자산 등 모든 게 어중간

---

* 여러 장관직을 지낸 일본의 보수 정치인.

한 보통 사람으로, 남의 마음에 들어야만 자리를 보전할 수 있다. 그런 안타까운 현실이 실버 민주주의를 키우고 있다. 정치인 한 사람 한 사람이 겁쟁이가 되어 있는 현실이야말로 실버 민주주의의 실체다. 이렇게 민주주의의 저주라는 글로벌한 현상에 일본 특유의 '은(silver)도금'이 입혀져 실버(silver) 민주주의가 활개를 치고 있다.

그렇다면 은도금이 입혀진 저주와 어떻게 싸울 수 있을까? 고령자 중심의 여론에서 정치인의 눈을 돌려 장기적인 성과를 볼 수 있게 유도하고 싶다. 이럴 때는 특정 정치인의 신념이나 양심에 의지해서는 안 된다. 설령 신념과 양심이 결여된 정치인이라도 문제를 해소할 수 있는 구조나 제도를 생각해야 한다.

/ 정치인을 손보다 /

| 정치인에게 주는 장기 성과보수 연금

당장 생각할 수 있는 대책은 이렇다. 정책 성과지표에 따라 정치인의 재선을 보증하거나 성과 보수를 주는 제도를 도입하여, 정치인의 시선을 여론이 아닌 성과로 돌리는 것이다. 정책 영역에 따라 다양한 성과지표를 생각할 수 있다. 예를 들면 GDP, 빈부 격차, 아동 빈곤 비율, 주가, 실업률, 물가상승률, 학업성취도, 건강 수명, 행복도, 웰빙 지수 등이다. 정책 효과가 나오기까지는 수년에서 수십 년이 걸리는 게 일반적이므로 정치인은 퇴임한 후 미래에 달성하는 성과지표에 따라 은퇴 후 성과보수 연금을 받을 수도 있다.

성과보수 제도를 불완전하게나마 도입하고 있는 나라가 싱가포르다. 싱가포르 장관의 월급은 헤지펀드 매니저처럼 성과 보수형으로 준다. 급여의 30~40%는 GDP 등 지표를 달성함에 따라 보너스로 지급된다. 구체적으로 장관 기본급은 국가 고소득자 상위 1,000명의 평균에서 40% 할인된 금액이다. 보너스는 중위소득 성장률, 하위 20%의 소득 성장률, 실업률, GDP 성장률 등 여러 항목으로 결정된다.

중위소득 성장률이나 하위 20%의 소득 성장률을 성과 항목에 포함시키면, 정부에서는 고소득자뿐만 아니라 일반적인 근로자의 소득이 늘어날 수 있도록 의식적으로 정책을 추진한다.[8] 이질적인 성과 항목을 여러 개 조합하기 때문에 특정 성과지표에만 과도한 주의가 기울지 않도록 하는 효과도 있다.

싱가포르의 일반 관료 급여도 장관과 마찬가지로 성과 보수형이다. 직업 관료*의 급여는 민간과 연동된다. 1990년대부터는 금융계, 법조계, 다국적기업 임원 등의 최상위권과 비교해도 손색없도록 조정하는 민간 연동제를 채택하고 있다. 그 덕분인지 관(官)과 민간 사이 인력 이동도 잦다. 싱가포르는 정책·정치 인재의 유동성이 높아 관료 출신이면서도 여당인 인민행동당(People's Action Party)에 들어가는 사람도 많다.

| 정부 거버넌스

이런 성과보수 제도는 실적에 따라 요동치는 기업의 임원 보수나 보너스를 떠올리게 한다. 성과를 거둔 사람에게 인센티브를 주기 위해 기업은 이에 맞는 '기업 거버넌스(Corporate governance)'를 유지한다. 이를 국가경영에 가져오자는 발상이다. '정부 거버넌스(Government governance)'라고 해도 좋다. 관료들에게 경쟁적으로 급여를

---

* 일본식으로 커리어 관료. 한국 고등고시격인 종합직시험 등에 합격한 국가공무원.

제시하니, 더 나은 인재가 관료가 되기를 희망한다. 싱가포르의 사례는 인재가 관료가 되려고 모이는 경우가 늘어나는 걸 보여준 사회적 실험이기도 하다.[9]

대부분 선진국의 장관, 국회의원, 관료의 급여는 기본적으로 성과와 관계없이 거의 일정하다. 물론 모든 것을 성과보수로 하면 된다는 단순한 얘기는 아니다. 방위·안전 보장(안보)이나 방재, 교육 등은 수십 년 이상의 시간을 축으로 성과를 측정할 수밖에 없다. 다른 나라의 전략과 자국 중심적 폭주, 자연현상 등 제어할 수 없는 외부 요인의 영향도 크다. 이런 정책 영역에 어중간한 성과보수를 도입하면 사명감을 저해하는 등 오히려 해악이 클 수도 있다.[10]

성과보수 제도와 궁합이 잘 맞는 영역은 정책의 성과가 누가 보기에도 명확하고, 현실적인 시간 축을 기준으로 계량 가능한 정책 영역이다. 하지만 그런 경우에도 특정 단기 성과지표에 지나치게 끌려가지 않도록 복수의 장기 성과지표를 섞을 필요가 있다.

그런 점에서 보면 싱가포르 정부의 성과 보수 제도에는 한계가 있다. 단기적인 성과지표만 이용하기 때문이다. 그렇기 때문에 성과보수 지급이 수십 년 후가 되는 연금·증권형 성과 보수 제도를 설계하는 것이 필요하다. 장기성과에 따른 연금을 주는 보수 체계가 근시안적인 민주국가를 바꿀 가능성으로 대두하고 있다.[11]

/ 미디어를 손보다 /

| 정보 성분표시·커뮤니케이션 세금

그러나 앞서 본 정부 거버넌스 개혁안은 빙산의 일각이다. 정부 거버넌스가 해결할 수 있는 건 이미 선출된 정치인이 정책에서 성과를 내는 방향으로 어떻게 유도할지의 문제다. 거꾸로 말하면, 선출된 정치인이 '찌꺼기 수준의 쓰레기'라면 아무리 거버넌스를 갖춰봤자 헛수고다.

그렇다면 정치인을 뽑는 사람은 누구인가? 물론 유권자다. 그렇다는 건 선거에서 표를 던지는 유권자가 구제 불능이라면 어떻게 할 방법이 없다는 말이다. 입력값이 쓰레기면 아무리 변화를 줘도 쓰레기만 출력된다.

인터넷과 SNS에 의해 유권자가 얻을 수 있는 정보와 커뮤니케이션에 혼란이 가중되고 있다. 그 결과 민주국가에서조차 민주주의의 전제조건이 악화하고 있다고 제1장에서 밝혔다. 그 내용을 다시 떠올려 보자. 이런 증상이 생기는 건 선거·정치라는 축제와 SNS의 화학 반응 때문이다.

그렇다면 필요한 단기 요법도 찾아볼 수 있다. SNS와 선거·정치 간의 화학반응을 약화시켜 유권자의 혼란을 억제하는 완충재를 만드는 것이다. 정보 유통이나 커뮤니케이션의 속도를 낮추고, 과격화와 극단화를 완화하는 정책이나 제도가 필요하다.

좋은 비유가 될 만한 게 의약품과 식품 산업에 있다. "만병통치약이 시장에 나돌았는데 알고 보니 독이었다"는 경험을 통해, 인류는 어떤 의약품이나 식품이 시장에 나와도 괜찮을지 신중하게 규제하는 제도를 만들었다. 약효나 성분 표시제도 또는 특정 의약품이나 음식물에 대한 과세도 이런 맥락에서 나왔다. 슬로푸드 운동이나 비건(채식) 운동과 같은 시민운동 등이 여기 포함된다.

| 양에 대한 규제

이런 규제를 정보·커뮤니케이션에 적용하는 방안을 고려해 볼 수 있다. "사람들은 어떤 정보를 어떻게 얻는가", "누가, 누구와, 어떻게 의사소통하는가"와 관련해 건전성을 담보하기 위해 제약을 가하는 것이다.

우선 생각할 수 있는 건 SNS 등 공개적인 웹에서 실시간으로 이뤄지는 커뮤니케이션의 속도와 양에 대한 제약이다. 트위터(현재 X) 처럼 누구나 참여할 수 있고 다수를 대상으로 양방향으로 이뤄지는 실시간 공개 의사소통 플랫폼에서 재난과 테러 등 일부 분야를 제외하고는 세금을 물리거나 특정 사안에 대한 정보 공유를 금지하는 방안이다. 또 규모와 인원에 제한을 두는 방안도 고려할 수 있다.

쌍방향으로, 대규모로, 실시간 소통을 하면 사람들이 쉽게 열광하고 동조하며 때로는 과격해진다. 즉, 제1장에서 다룬 민주주의 열화의 촉매제가 되기 쉽다. 이렇게 정보의 양이나 전파 속도와 관련해 세금을 물리는 것을 식사에 비유하자면 '칼로리세(稅)', '빨리먹기세(稅)'에 가깝다. 즉, 슬로푸드 운동을 커뮤니케이션 측면에서 실천하자는 것이다.

| 질에 대한 규제

미래에는 정보·커뮤니케이션의 내용에 따라 과세하는 정책도 나올 수도 있다. 가짜 뉴스를 배제하는 작업은 이미 민간기업 주도로 이뤄지고 있다. 정보의 질을 기준으로 가짜 뉴스의 정도를 파악하고 규제하는 것이 가장 이상적이지만, 이는 어렵다. 현실적으로는 정보 카테고리별로 세율을 바꾸는 디자인을 생각해 볼 수 있다. 음식으로 치면 주세(酒稅, 주류에 매기는 세금)에서 시작해 소금·설탕세나 콜라세, 감자칩세 등을 만든 것과 같다. 몸에 해로운 먹거리에 세금을 물리듯이 정보 중에서도 해로운 정보에는 세금을 물리는 것이다. 마치 유튜브 광고 수익 환원율이 카테고리마다 다른 것과 같은 원리다.

SNS에서 이뤄지는 정보·커뮤니케이션이 대부분 전체 공개되어 있고, 무료인 게 당연하다는 기존 관념이 무너지고, 정보가 적당한 선에서 공개되고 일정 부분 과금·과세하는 게 당연한 풍토로 바뀌게 된다. 실제로 페이스북에 노출되는 뉴스와 정보를 균형 있게 섞기만 해도, 반대 세력에 대한 증오나 정치적 갈등을 완화할 수 있음을 보여준 실험도 있었다.[12]

또한 서로 커뮤니케이션해도 독이 될 뿐이라고 예측되는 사람끼리는 기계적으로 상호 차단하거나 뮤트*할 수 있는 SNS 설계도 생각할 수 있다.[13] 이런 장치가 있으면 불량하지 않은 정보를 골라, 천천히 소화시키면서 차분히 커뮤니케이션하는 데 도움이 된다. 이에 따라 정보의 유통 속도는 느리지만 건강하게 인터넷 사용이 가능해지고, 유권자의 머릿속 정보 환경도 정비할 수 있게 된다.[14]

물론 정보 성분 표시나 커뮤니케이션 세금은 표현의 자유에 개입하는 일과 밀접한 관련이 있다. 건전하지 못한 개입을 피하기 위해서는 정보·커뮤니케이션 규제의 규칙이나 알고리듬이 공개되어야 하고, 비판이나 제안을 받을 필요도 있다. 트위터(현재 X)를 소유했던 일론 머스크가 2022년 봄에 제안했던 '콘텐츠 표시 알고리듬 투명화'는 이런 방향으로 가는 발걸음이다.[15] 트위터에 올라오는 콘텐츠가 어떤 알고리듬에 따라 올라왔는지를 투명하게 밝히자는 취지다. 알고리듬을 투명하게 공개하는 일은 21세기에 이뤄져야 할 디지털 입헌 운동의 새싹이다.

---

* 특정 계정을 언팔로우하거나 차단하지 않고 내 타임라인에서 원치 않는 트윗을 보이지 않게 하는 기능.

/ 선거를 손보다 /

| 정치인의 정년·연령 상한

SNS에 개입하는 것과 동시에 생각해야 할 문제는 어떻게 정치인을 뽑느냐의 문제 즉, 어떻게 선거를 디자인할지다. 선거제도를 바꿔야 할 이유는 분명하다. 유권자의 머릿속 환경이 바뀌더라도 이들이 투표해 정치인을 뽑는 건 결국 선거라는 구조를 통하기 때문이다.

선거제도를 다시 디자인하자는 제안은 여러 가지 있었다. 가장 단순하게는 선거권이나 피선거권을 재정의하는 안이다. 예를 들면 정치인 임기나 정년을 제한하는 제도다. 정치와 선거에 있어 세대교체와 신진대사를 촉진해 시선을 미래 세대로 돌리기 위해서다. 세대교체 효과뿐만이 아니다. 앞서 언급했듯 선거에서 여론에 아부해야 하는 정치인은 구조적으로 약할 수밖에 없다. 하지만 임기 말이나 정년이 다가와 선거에서 '잃을 것이 없어진' 정치인은 다르다. 여론에 아랑곳하지 않고 할 말을 하거나 해야할 일을 하는 데 집중할 수 있다. 민주주의적인 전제 정치를 할 수 있는 순간이 생기는 셈이다. 역설적이지만 '끝'이 있는 것이 사람을 자유롭게 한다. 이런 논리로 프랑스, 미국 등 대통령의 임기 상한선이 정당화된다.

정치인 정년 제도나 연령 상한제는 일부 나라에서 실현되고 있다.

캐나다에서는 74세 이하만 국회의원(상원)이 될 수 있다. 부탄, 이란, 소말리아 등도 비슷한 연령 상한 제도를 도입하고 있다(표 2).

'할아버지 특전대'처럼 보이는 일본 자민당도 사실 중의원 비례대표에 입후보할 수 있는 사람을 73세 미만으로 제한한다.[16] 소걸음처럼 느린 속도이긴 하나, 정치인의 세대교체를 위한 구조를 마련하는 일은 한 발 한 발 앞으로 나아가고 있다.

표 2 정치인·유권자에게 정년을 부과하는 나라들[17]

국가	대상	연령상한선
이란	피선거권	75세 이하
부탄	피선거권	65세 이하
캐나다	임명 상한(상원의원)	74세 이하
소말리아	임명 상한	75세 이하
브라질	선거권	70세 이하는 의무 투표, 71세 이상은 의무 투표 아님
바티칸	선거권	교황 선거의 투표권은 79세 이하

일본 유권자들이 정치인에게 무엇을 원하는지를 조사한 분석에서도 유권자들이 일정 연령대 이상의 정치인을 우려하거나 기피하기 쉽다고 나타났다.[18] 정치인 정년 제도를 도입하는 건 정당 입장에서도 올드하다는 이미지를 떨쳐내는 효과가 있는 대책이기도 하다.

| 유권자에게도 정년·연령 상한을 둔다면

나이를 먹는 것은 정치인만이 아니다. 유권자도 늙는다. 그렇다면 정치인 정년 제도나 임기를 생각할 때, 유권자에 대해서도 같은 제도를 생각하는 게 자연스럽다. 선거라는 제도가 허물을 벗고 날아갈 수 있는 '탈피'와 '회춘'을 위해서다.

그렇다고는 해도 선거권에 정년, 연령 제한을 두는 일은 현실적으로 어렵다. 헌법은 연령에 따른 차별을 금지하고 있고, 특히 일본이나 유럽 일부 국가 등 고령화된 국가에서 "노인의 선거권을 빼앗자"라는 식으로 말하면 비난이 쏟아질 수밖에 없다. 이 책도 엄청나게 비난받지 않을까 내심 긴장하며 쓰고 있다.

그렇다고 쉽게 포기해서는 안 된다. 생각을 조금 바꿔보자. 잘만 궁리하면 실질적으로 정년이나 연령 상한을 두는 것이 가능할 수 있다.

예를 들면 브라질에서는 70세 이하 유권자는 투표가 의무이고, 하지 않으면 벌칙(벌금)이 있다. 그 이상 연령의 유권자는 투표해도 되고 안 해도 된다(표 2).

이 같은 구조는 고령자로부터 선거권을 빼앗는 것이 아니다. 대신 젊은 사람이 투표할 동기부여(인센티브)를 강하게 하는 구조다. 70세 이하는 투표를 안 하면 처벌받는다. 고령자에게서 선거권을 빼앗자는 주장은 무리가 있지만, 현역 세대가 투표하는데 유·무형의 인센티브를 주는 방안은 실현 가능하다.[19]

| 미래의 목소리를 듣는 선거

선거 자체의 구조 즉, 표를 집계해 승자를 결정하는 규칙 자체를 다시 생각하는 일도 중요하다.

선거의 여러 집계 방식이 좋은지, 나쁜지를 비교하는 연구 분야를 '사회 선택 이론'이라고 한다. 수백 년에 걸쳐 응용수학자와 이론정치학자, 경제학자가 이 연구에 힘써 왔다. 연구 결과 다수결 제도가 사실은 '표가 나눠지는 것에 약하다'는 점을 비롯한 많은 결점이 있다는 사실도 발견됐다. 그렇기 때문에 다수결 제도의 결점을 극복하는 선거제도도 함께 고안돼 왔다.[20]

이 밖에도 실버 민주주의나 민주국가의 근시안적인 정책을 타개하기 위해 자주 등장하는 제안이 있다. 바로 젊은이의 목소리를 더 반영하는 선거 구조다.

가령 '특정 세대만 투표할 수 있는 세대별 선거구를 만들자', '투표자의 평균적인 남은 생애(여명, 餘命)로 표에 가중치를 부여하자', '미성년자 등 선거권이 없는 자녀의 부모에게 대리 투표권을 부여하자'라는 논의다.[21] 자녀의 대리 투표권 도입은 실제로 헝가리 국회에서 정식 심의되는 등 젊은이의 목소리를 반영하자는 아이디어는 공상과학소설(SF)에 나오는 이야기가 아니라 현실성을 띠고 있다.[22]

이런 아이디어들은 젊은이라는 '소수자'의 목소리를 반영하려는 시도다. 하지만 비슷한 아이디어를 다른 소수자에 대해서도 적용할 수 있다. 여성, 소수민족, 성적소수자(LGBT)만 투표할 수 있는 선거구 설정이 그런 예다.

이렇게 미래지향적이고 소수지향적인 선거방식이 정말 선거 결과를 바꿀 수 있을까? 이 물음에 답하기 위한 연구가 이뤄졌다. 이 연구에서는 도널드 트럼프와 힐러리 클린턴이 경쟁한 2016년 미국 대선에서 '남은 생애'(평균 여명)로 표에 가중치를 부여했다면 어떤 결과를 얻었을까'를 시뮬레이션했다.[23] 남은 생애가 긴 젊은 사람일수록 그의 한 표가 더 많은 표로 집계되는 구조다.

이를 적용했더니 대선 결과는 뒤집혔다. '만약 남은 생애에 따라 표에 가중치가 주어졌다면 대통령은 힐러리 클린턴이 됐을 것이다'는 게 결론이다. 이 결론을 담은 그림 6을 보면 남은 생애에 따라 표에 가중치를 부여하면 힐러리 클린턴의 전국 득표율을 43%(227개 선거인단 표, 그림 위)에서 63%(336개 선거인단 표, 그림 아래)로 올라간다. 힐러리가 여유롭게 과반수 이상 득표한 것이다.

그림 6 남은 생애에 따라 가중치를 둔 2016년 미국 대통령 선거 결과

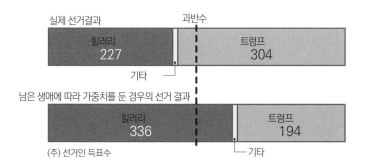

젊은이의 목소리를 듣는 선거 구조는 미국 대선과 같은 중요한 선거에도 큰 변화를 가져올 것으로 보인다. 2016년에 시행된 영국의 유럽연합(EU) 탈퇴(Brexit)를 둘러싼 국민투표에 대해서도 비슷한 분석을 해볼 수 있다. 만약 남은 생애에 따라 표에 가중치를 두었다면, 결과는 뒤집어지고 영국의 EU 이탈은 부결되었을 것이란 결론이 나왔다.[24]

그렇다면 이런 식의 변화를 "좋다"고 말할 수 있을까.

잠깐 멈춰서 생각하면 이내 의심이 든다. 세월은 쏜살같고, 곧 내가 노인이 된다. 오늘의 젊은이는 내일의 노인이다. 아득한 미래, 가령 수백 년 뒤의 미래에서 보자면 오늘의 젊은이와 노인의 차이 따위는 기껏해야 수십 년 차이로 대수롭지 않을 수 있다. 그렇다면 누군가 "꼰대는 가라! 타도 실버 민주주의! 젊은이의 목소리를 더 듣자"라고 외칠 때, 그 사람은 먼 미래는 보지 못하고 가까운 미래만 보고 있는 셈이다. 먼 미래를 생각하지 않기 때문에 가까운 미래의 목소리에 귀를 기울여야 한다고 느낀다는 역설에 이르게 된다.

현재의 일본과 쇠퇴하는 다른 국가에서는 또 다른 비아냥거림이 있을 수도 있다. "고령자는 글렀다. 꼰대는 은퇴해야 한다"는 목소리다. 분명 그래야 할지도 모른다. 하지만 젊은이의 의견을 수렴한다고 얼마나 좋아질지를 따져보면, 막상 그렇지 않을 수 있다.

예를 들어 일본 자민당 지지율은 20대나 60대나 큰 차이가 없다. 오히려 20대의 자민당 지지율이 높은 경우가 많다는 사실은 앞서 언급했다. 일본에서는 세대 간 정치적 대립이 흐릿하다. 젊은 세대

일수록 진보적이고 민주당 지지도가 높은 경향의 미국과는 대조적이다.

또 하나 뿌리 깊은 문제가 있다. 바로 젊은이들이 가난해지고 있다는 점이다. 지금 일본에서 돈과 시간이 있는 건 고령자다. 그래서 고령자는 "문화는 이래야지"라든가 "국가는 저래야지"라는 다소 한가롭게 느껴지는 일에 관해 생각할 시간과 여유가 있다.

그에 비해 현재 일본의 20대는 진정 벼랑 끝에 몰렸다. 청년의 과반수는 모아놓은 자산이 하나도 없고, 예금 10만엔(약 100만 원) 이하로 버티고 있다.[25] 얼마 되지 않은 월급으로 온갖 고생을 다 한다. 수입에서 생활비를 빼면, 대출 상환 자금이 부족해서 다른 빚쟁이에게 돈을 또 빌려 빚을 갚는 생활을 반복하는 '자전거 조업'*상태다. 지금 일본의 청년 다수는 몸이 다쳐 잠시라도 일을 하지 못하면 한순간에 파탄이 난다. 이런 상태에서 먼 미래를 위한 국가의 투자를 생각하라고 하는 건 무리다.

고령자도 젊은이도 모두가 문제라는 게 지금 일본의 절망적인 상황이다.

그러고 보면 정말 중요한 일은 실버 민주주의를 물리치는 일이 아닐지도 모른다. 그렇다면 무엇이 진짜 중요한가? 오늘날 젊은이와

---

* 빚을 계속 내는 행동이 마치 페달을 계속 밟지 않으면 쓰러져 버리는 자전거 같다고 해서 자전거 조업이라고 불린다.

노인의 차이는 '사소한 잡음'으로 보일 정도로 머나먼 미래의 목소리를 정치에 반영하는 일이다. 예컨대 일부 사람들이 진지하게 목표로 삼은 불로불사가 실제로 이뤄지면 시민도 정치인도 영겁에 가까운 먼 미래까지 의식하게 될 것이다.

불로불사가 불가능하더라도, 먼 미래의 인류가 무엇을 필요로 하는지 예측하고 먼 미래에 거둘 성과와 이에 따른 보상을 현재의 정치에 포함하는 것. 어찌 보면 공상에 가까운 첫걸음을 이 책의 마지막 장에서 다루겠다.

│ 선거로 정하면 다수가 이길 게 뻔하다

지금까지 우리는 절망적인 미래를 마주한 청년층을 조명했다. 하지만 코너로 내몰리고 있는 소수자는 젊은이만은 아니다. 한부모 가정, 성(性) 소수자, 이름이나 카테고리조차 없는 유·무형의 소수자가 있다. 이들 소수자에게 절실한 정책적 논점은 정치에서 밀려나기 십상이다.

전형적인 예로는 LGBT 등 소수자의 권리문제가 있다. 이 문제는 소수자의 생활에는 큰 영향을 주지만, 다수의 생활에는 거의 영향을 주지 않는다. 그렇다면 상대적으로 절실한 소수가 더 큰 목소리를 가져야 한다. 단순히 생각하면 그럴듯하다.

그럼에도 불구하고 지금의 선거 구조에서는 소수자 문제와 사회

보장비, 의료 문제 등이 하나의 패키지가 되어 투표 대상이 된다. 사회보장비나 의료 문제에 관해 사람들이 어떤 의견을 가졌는지가 소수자 문제에 직접 영향을 준다. 상대적으로 '중요하지 않은', 다시 말해 이해관계자의 절대 숫자가 적은 이슈들은 짓눌려 버린다.

⎸일괄-간접-대의 민주주의의 저주

이는 민주주의 이념의 일반적인 문제라기보다 국회의원이나 정당에 모든 정책 결정과 입법을 맡기는 '일괄-간접-대의 민주주의'라는 선거제도의 문제다. 외교·안보부터 부부별성* 문제, 금융 정책, 난임 치료까지 전혀 다른 전문성과 이해 조정을 요구하는 모든 정책을 하나로 묶어 한 정치인, 한 정당에 투표한다. 생각해 보면 이상한 관습이다.

이런 제도에서는 한 부모나 성적 소수자와 같이 명확히 당사자가 소수인 문제에 대해 당사자가 아니고, 관련도 없고, 지식이나 생각할 마음도 없는 대다수의 목소리가 그 내용을 결정한다. 이런 일괄-간접-대의 민주주의가 지배적이 된 것은 최근 수백 년의 일이지만, 당시에는 세세하게 정책별로 투표해 집계하기가 불가능했기 때문

---

* 결혼해도 여성이 남성의 성을 따르지 않고 한국처럼 본래의 성을 유지하는 것.

에 이 방법밖에 없었다.

하지만 지금은 다르다. 정책마다 유권자가 의사 표명을 할 수 있고, 그 사람에게 있어 중요하지 않거나 잘 알지 못하는 정책에 쓸데없는 영향력을 발휘하지 않도록 투표권을 포기하거나 믿을 수 있는 사람에게 자기 표를 맡기는 시스템도 가능하다. "특정 정치인과 특정 정당에 모든 것을 맡긴다"라는 구시대적*인 고정관념을 다시 생각해 볼 필요가 있다.

| 정치인·정당에서 쟁점·이슈로

예를 들면 이런 구조를 생각할 수 있다. 정치인이나 정당별로 투표하는 게 아니라 난임 치료의 보험 적용, 연금 지급 연령의 변경, LGBT 관련법처럼 이슈별로 투표한다. 유권자 각각에는 100표를 준다. 1인 1표가 아니라 나에게 소중한 정책에는 더 많은 표를 던질 수 있게 하는 것이다. 또 신뢰할 수 있는 제3자에게 표를 위임할 수 있게 허용한다.

여러 선거 정책 가운데 이해관계에 따라 유권자가 관심을 많이 갖는 분야에는 표를 많이 배분하고 그렇지 않은 분야에는 표를 적게

---

* 원문은 '쇼와(1926~1989년)적인'. 2024년은 레이와 6년에 해당한다.

배분한다. 그러면 동성결혼과 같은 당사자성이 강한 정책에는 당사자의 목소리를 반영하기가 더 쉬워진다. 한 부모나 성소수자를 지원하는 정책도 해당 정책에 특히 영향을 받는 사람의 목소리가 많이 반영돼 당사자 실정에 맞게 설계하기 쉬워진다.

이런 아이디어에는 다양한 형태가 있다. 유동 민주주의(Liquid Democracy)*, 분인(分人) 민주주의(Dividual Democracy)**, 제곱 투표(Quadratic Voting)***와 같은 제안들이다.[26]

구미나 대만의 일부 정당과 지자체는 의사결정을 할 때 이런 제도를 실험적으로 도입했다. 여러 이슈에 대해 국민투표처럼 직접투표를 여러 번 재빠르게 실시한 경우도 있다. 페이스북 등은 사용자를 대상으로 오래전부터 '사용자 국민투표'와 같은 제도를 실험하고 있다. "선거를 통해 민주주의를 실현한다"는 기존 방식은 유지하되, 선거 방식을 보다 명확하게 설계해서 정책을 선명하고 유연하게 만들려는 시도다.

이런 논점·이슈 단위로 접근하는 선거제도에 의문을 제기하는 목소리도 있다. 확실히 정당이나 정치인과 같은 대리인에게 투표하는

---

* 대의 민주주의와 직접 민주주의가 최적으로 혼합된 민주주의.

** Divicracy. 나눠질 수 없는 개인이 아닌, 분할 가능한 개인의 개념을 투표에 도입하는 것. 예컨대 1명이 1표를 행사하는 것이 아니라 정책 A에 0.3표, 정책 B에 0.4표, 정책 C에 0.3표 등으로 투표하는 것.

*** 모든 유권자가 평생 사용 가능한 투표 '크레딧'을 받고, 선거에서 원하는 만큼 투표권을 행사하는 아이디어.

것은 지나치게 단순화한 제도로, 정당·정치인이 여러 이슈에 끼어들어 측근에게 이권을 나눠주고 중간 마진을 떼먹는 온상이 될 수 있다. 하지만 나쁜 면만 있는 건 아니다. 정치인이나 정당이 협상하면서 무수한 이슈를 어느 정도 정리된 패키지나 매니페스토* 형태로 제시해 주기 때문에, 유권자가 정보를 처리하고 올바른 의사결정을 할 수도 있다는 반론도 있다. 이런 의문이 제시되는 건 당연하다. 나중에 마지막 제4장 '구상'에서 자세히 다루겠다.

미리 언급하자면, 필자는 사람들이 사안의 전체를 파악해 의사결정을 해야 한다는 고정관념에 지나치게 사로잡혀 있다고 생각한다. 만약 의사결정을 기계화·자동화하면, 정책을 패키지로 만들거나 매니페스토로 만들어야 할 필요성도 약해진다. 의사결정을 자동화하면 '무조건 정책을 패키지로 만들어야 한다'는 제약 때문에 생기는 문제를 해결할 수 있다. 소수자에 절실한 이슈가 소외되는 문제도 해결된다.

---

* 이탈리아어로 선언. 예산과 구체적인 실행 계획 등이 마련돼 있어 이행이 가능한 선거 공약. 정당, 후보자가 유권자에게 제시.

/ UI · UX를 손보다 /

지금까지는 선거권 혹은 피선거권 그리고 선거제도 자체를 '외과 수술'하는 방안에 관해 생각해 보았다. 하지만 외과 수술 수준으로 대폭 뜯어고치는 대신, 약간 손보기만 해도 큰 변화를 만들 수 있다. 선거를 치르기 위한 UI · UX*를 바꾸면 된다. 예를 들어 투표에 사용되는 용지나 장치를 보다 낫게 바꾸는 방안이다.

❘ 전자투표가 아이의 건강을 구한다?

이런 일화가 있다. 지구 반대편 브라질에서 투표 장치 개혁이 이뤄졌다. 1990년대 중반 브라질 정부는 주 의회 의원 선거 투표에 사용되는 장치를 바꿨다. 종이로 된 아날로그 투표용지에서 디지털 투표 장치로 바꾼 것이다. 변경 전에는 투표자가 투표하고 싶은 후보자 이름을 종이에 펜으로 적도록 요구했다. 기재 방법에 대한

---

* 유저 인터페이스(UI)와 사용자 경험(UX). 웹을 디자인할 때, 환불 버튼은 어디에 둘지 등을 생각하는 게 UI 디자인. "이 카테고리는 여기에 있어 좋다"고 느끼는 것을 UX라고 부른다.

설명은 문서로 주어졌다.

그러나 투표용지가 문제였다. 당시 브라질은 읽고 쓸 수 있는 사람의 비율(식자율)이 낮아 성인의 수십 퍼센트가 간단한 글을 읽지도 쓰지도 못했다. 읽고 쓸 수 없는 투표자는 문장으로 적힌 투표 방법을 이해하지 못했거나 오독하는 경우가 다수 생겼다. 잘못 기재하거나 빈 칸으로 놔두는 바람에 무효표가 대량으로 생겨났다. 특히 심각했던 점은 의도치 않게 무효표를 던져버린 사람은 식자율이 낮은, 가난한 가구의 유권자가 많았다는 점이다. 투표 장치 설계 하나 때문에 소외 계층 유권자의 투표권이 실질적으로 박탈된 셈이다.

이 문제를 해결하기 위해 새롭게 전자 투표 장치가 도입됐다. 새로운 제도에서 유권자는 후보의 번호를 버튼으로 입력하고, 표시되는 후보의 얼굴 사진을 확인하기만 하면 됐다. 제도가 바뀌자 읽고 쓸 줄 모르는 사람도 눈으로 보고 투표하고 싶은 후보자를 선택할 수 있게 됐다. 투표에서 언어의 필요성이 사라지면서 일종의 '배리어 프리(장애물이 없는 상태)'가 됐다.

얼핏 사소해 보이는 변화가 눈부신 변화를 불러왔다. 전자투표 장치를 사용한 지자체에서는 유효투표 비율이 11~12%나 올랐다.[27] 더 중요한 점은 읽고 쓸 줄 모르는 사람이 많은 지역일수록 전자투표 장치 도입으로 유효투표율이 올랐다는 점이다. 전자투표 장치가 선거권을 행사하지 못했던 저학력 빈곤층에게 사실상의 참정권을 부여한 셈이다.

더욱 놀라운 점은 투표에 어려움을 겪었던 이들에게 사실상의 참정권이 부여되자 정책 결정에까지 파급효과가 있었다는 점이다. 전자투표 장치가 도입되면서 주(州) 예산에서 의료비가 차지하는 비중이 증가했다. 교육받지 못한 산모 가운데 출산하기 이전에 병원을 여러 번 다닐 수 있게 된 사람의 비율도 크게 높아졌다. 또 저체중아 출생도 크게 감소하는 효과가 있었다. 이런 의료제도는 빈곤 가구에 특히 혜택이 컸다. 이런 점을 감안할 때 전자투표 장치로 빈곤 가구에 사실상의 참정권이 주어지면서 정치인들이 빈곤층의 목소리를 더욱 강하게 반영하게 됐음을 시사한다. 투표 장치 전자화처럼 소외된 사람들도 투표하기 쉽게 만드는, 사소한 UI·UX 변경만으로 정치는 달라질 수 있다.

문제 있는 UI·UX를 바꿔 나가는 것만으로도 선거와 정치가 바뀐다. UI·UX에 내재된 소수자나 약자에 대한 무언의 괴롭힘과 증오를 없애고, 미래를 바꾸는 정책을 시행하도록 정치에 압력을 가할 수 있기 때문이다.

│ 인터넷 투표의 희망과 절망

선거나 투표의 인터페이스를 개혁한다고 하면 흔히 인터넷 투표나 애플리케이션 투표를 떠올린다. 특히 젊은 층의 투표율을 높이기 위해 인터넷 투표를 도입하라는 요구가 많다. 하지만 인터넷 투표가 투표율에 미치는 효과는 사실 잘 알려져 있지 않았다. 스위

스에서 인터넷 투표를 도입한 지자체와 도입하지 않은 지자체를 비교한 연구는 인터넷 투표가 투표율에 그다지 영향을 주지 않았음을 보여준다.[28] 캐나다의 데이터를 이용한 연구에서도 인터넷 투표에 따른 투표율 상승은 고작 몇 퍼센트 정도였다.[29]

인터넷 투표라고 하면 청년 투표율이 올라갈 것 같은 이미지지만, 그렇게 단순한 문제가 아니다. 2005년부터 인터넷 투표를 시행하는 에스토니아에서는 오히려 노인 투표율이 높아졌다. 다리나 허리에 문제가 있고 교통이 불편해 투표를 못했던 노인들이 어디서든 투표할 수 있게 됐기 때문이다. 이렇게 보면 인터넷 투표는 청년층의 낮은 투표율을 올리는 요술방망이가 아닐 수 있다. 그렇기 때문에 효과가 있으리란 막연한 믿음이 아니라 정말 효과가 있는지 증거를 찾아야 하며, 선입견을 갖지 않는 게 중요하다.

| 실현 (불)가능성의 벽 그리고 선거의 병을 선거로 고치려는 모순

여기까지 우리는 다양한 선거제도 개혁 방안을 논의했다. 하지만 어떻게 하면 이를 실현할 수 있을까? 그 가능성을 생각하기 시작하면 벌써 불안하다. (피)선거권이나 선거제도를 바꾸려면 선거(투표)가 필요한데, 선거에서 이겨야만 선거제도를 바꿀 수 있다. 기존 선거제도에서 승리하여 지금 자리에 오른 현직 정치인들이, 과연 이런 개혁을 하고 싶다는 생각을 할까? 아무리 생각해도 이들에게 개혁을 바라는 건 무리다.

특히 일본, 유럽과 같은 저출산·고령화 사회에서는 남은 생애에 따라 표에 가중치를 부여해 정치의 시선을 미래로 돌리게 하는 제도는 실현되기 어려울 것이다. 한 자민당 의원의 말처럼 "급진적인 정당으로 정권 교체를 하는 것이 필요조건"이다. 그런 혁명에 가까운 일을 어떻게 할 수 있을까? 전망은 어둡고, 실현 방법은 좀처럼 보이지 않는다. 강한 개혁 의지를 품은, 선거에 강한 지방자치 단체장이 자기 정치생명을 걸고 지자체 차원에서 강행하는 방안이 가장 그럴듯해 보인다.

더 근본적인 의문도 있다. 애초에 이런 선거제도의 조정·개선이 민주주의의 저주에 근본적인 치유책이 될지 의심스럽다는 점이다. 선거를 통한 의사결정은 캠페인이나 분위기에 휩쓸리기 쉽고, 그런 약점은 인터넷이나 SNS로 증폭된다. 이 같은 근본적인 문제는 선거제도를 미세조정 하는 것만으로는 해결할 수 없다.

민주주의의 배경에는 '언론이나 교육을 통해 제대로 된 정보를 습득하고, 제대로 생각하고 판단할 수 있는 사람들이 모여 논의한 후 투표하여, 무엇을 할지 결정한다'라는 인간관과 사회관이 깔려 있다. 그러나 현재의 언론과 교육은 이러한 인간관·사회관을 지키지 못하고 있다. 이미 논의한 대로다. 세상의 구조나 기술 환경이 크게 변하고 있는데도 의무 교육의 내용은 거의 변하지 않았다. 세계의 앞날에 대해 올바른 판단을 하기 위한 기본적인 뇌의 OS(운영시스템)

를 갖추게 하는 기능도 제대로 작동하지 않고 있다.

일각에서는 교육 '과잉'이 문제라고 지적한다. 미국과 영국 유권자를 조사한 연구에 따르면 유권자가 고학력일수록 당파적이고 독선적이며 논의와 반성으로 의견을 수정해 나갈 능력을 잃는 경향이 있다. 학력이 높아지고 지식이 늘어날 때마다 자신이 옳다고 믿는 비율이 높아지기 때문이다.[30] 이러한 독선은 민주주의의 기초를 위협한다.

세계의 변화와 발전하는 기술의 속도를 따라가지 못하는 교육의 '부족'. 이런 가운데 묘하게 고학력화가 진행되어 모두 근거 없는 자신감만 심화시키는 교육(이라기보다는 학력)의 '과잉'. 부족과 과잉의 이중 펀치가 민주주의를 갉아먹고 있다.

여기에 SNS는 방치된 상태로 성장하고 있어, 가짜 뉴스와 음모론도 여전히 활발하다. 문제가 커지자, 독점 IT기업이 불투명한 알고리듬을 통해 자의적으로 정보를 선별하도록 했다. 독점 IT기업에 문제해결을 맡긴 셈이다. 그러나 정말 문제가 해결되고 있는지는 알 수 없다. 정보 선별 알고리듬이 비공개되어 있으니 말이다.

언론과 교육이라는, 선거가 제대로 작동하기 위한 전제조건이 녹슬고 있다. 전제조건이 무너지는 마당에 선거를 미세 조정한들, 이는 대증 요법에 불과하다. 선거라는 개념 자체가 병에 걸린 게 문제인데 '상대적으로 그나마 나은 선거는 이것'이라는 처방전 아닌 처방전을 내놓는 격이다. 진정으로 필요한 일은 선거의 재발명이 아니다. 오히려 '선거로 뭔가를 결정해야 한다'는 고정관념을 버리는 일이다.

기존 선거 구조의 개선을 포기하면 어떨까? 언론과 교육이 기능 장애를 일으키고 있다면, 민주주의 구현 형태를 기존 선거에서 다른 것으로 전환하면 어떨까. 술을 마시며 현실을 도피하는 게 특기인 필자가 생각하는 전환은 바로 이것이다. 투쟁해도 바꾸기 어렵다면, 문제를 외면하고 도망치는 것. 바로 제3장 '도주'에서 다룬다.

제
3
장

도
주

도망쳐서는 안 된다. 도망쳐서는 안 된다.
도망쳐서는 안 된다.
하지만 달아나고 싶어지는 게 인지상정이다.
민주주의로부터 도망칠 방법은 없을까?

민주주의와의 투쟁은 애초부터 막힌 길인지도 모른다. 선거나 정치나 민주주의를 안에서부터 바꾸려고 투쟁해봤자, 바꾸기 위해서는 선거에서 이겨야 한다.

하지만 선거의 승자는 현재 민주주의 기득권층이다. 기득권자가 굳이 기득권의 원천을 무너뜨리려고 할까? 기득권을 타파하려면 스스로 기득권을 내려놓아야 한다. 하지만 기득권자들은 굳이 그럴 마음이 없다.

이런 생각에 이르면 다른 길이 떠오른다. 차라리 투쟁을 포기하고 민주주의로부터 도망쳐 버리는 건 어떨까? 민주주의를 안에서부터 바꾸려고 할 게 아니라 민주주의를 버리고 외부로 도망치는 것이다. 반(反) 민주주의나 '우회(迂回) 민주주의'라고 해도 괜찮다.

｜은유로서의 조세 피난처

구체적인 예로 논의를 시작해 보자. 일부 분야에서의 '도망'은 이미 일상이 되었다. 예를 들어 부유층의 개인 자산이 그렇다. 세율이 낮아지고 자산 추적이 느슨해지는 이점을 누리고자 룩셈부르크, 케이먼 아일랜드, 버진 아일랜드와 싱가포르 등 조세 피난처를 찾는 개인 자산은 전 세계 전체 자산의 8%가 넘는다.[1]

조세 피난처로 옮겨가는 '이주 비용'은 거의 고정되어 있는 반면, 그 효과는 자산과 수입이 많을수록 비례해서 커진다. 자산과 수입이 많을수록 그에 따른 혜택이 커진다.

조세 피난처는 부자를 더욱더 부유하게 만든다. 글로벌 대기업일수록 특허권 등을 조세 피난처에 등록하고 절세하는 경우가 많은 것도 이런 맥락이다. 동네 채소 가게에는 그런 절세 기술이 주어지지 않는다. 그런데 조세 피난처와 민주주의의 저주가 무슨 상관이 있을까?

다시 떠올려 보기 바란다. 실패를 거듭해 온 민주주의는 그 책임을 시민에게 돌려 부담을 주는 정치제도가 된 듯이 보인다. 제1장 '고장'에서 언급했듯이, 민주국가일수록 경제성장이 정체되는 현상이 나타났다. 그런데 민주주의가 이런 실패에 따른 책임을 시민에게 돌리면서 마치 '정치적 세금'을 부과하는 상황이 되어버린 것이다. 그렇다면 조세 피난처가 있듯이 정치적으로 '민주주의 피난처 (democracy haven)'도 있을 수 있지 않을까?

'민주주의 피난처'는 이런 세계. 시민이 비효율과 불합리를 강요하는 기존의 민주국가를 포기하는 세상. 정치제도를 처음부터 다시 디자인해 독립 국가나 도시 집단이 더 나은 정치·행정 서비스를 제공하려고 기업과 국민을 끌어모으거나 선발하는 세상. 새로운 국가들이 기업처럼 경쟁하고 정치제도를 자본주의화한 세계다. 책 서두에 언급한 자본주의와 민주주의의 '망해버린 2인 3각'을 넘어 모든 것을 자본주의로 만드는 계획이라고 해도 좋다.

현재 조세 피난처들은 세율을 낮추고, 외부에서 자산 정보를 보기 어렵게 만들고, 행정 절차를 간소화해서 자산가와 대기업을 끌어

모으고 있다. 조세 피난처의 핵심은 얼마나 많은 금전적 이득(예컨대 일차원적으로 낮은 세율)을 제공하느냐에 달렸다. 그런데 조세 이외의 'ㅇㅇ피난처'도 얼마든지 생각할 수 있다. 앞서 말했듯, 정치제도의 자유화와 규제 완화를 목표로 하는 민주주의 피난처가 있다. 나아가 인권이나 가족 제도 등에 대한 가치관을 축으로 다양한 '신(新)국가'가 가지를 뻗어갈 수 있다. 예를 들어 전원이 누드 주의자(누디스트)로 구성된 '누디스트 비치 국가'도 생각할 수 있다.

| 민주주의 피난처를 향해?

민주주의 피난처가 과격한 망상이라고 생각할지도 모른다. 하지만 그런 시도가 이미 있다. 지구 최후의 미개척지는 바다의 절반을 차지하는 공해(公海)다. 어느 나라도 지배하지 않는 특성을 이용해 공해를 떠도는 신(新)국가군을 만들려는 사람들이 있다. 해상자치도시협회(The Seasteading Institute)로 불리는 신국가 설립 운동이다.

다른 비슷한 시도를 하는 단체로 '블루 프런티어스(Blue Frontiers)'도 있다(현재는 활동을 중단한 것으로 보인다). 크루즈선과 같은 대형 선박을 건조하는 비용이 낮아지면서 기술적, 비용적 측면에서 현실성이 더해지자 이런 구상이 행동으로 옮겨지고 있다.

이 운동은 페이팔(PayPal, 시가총액 수백조 원), 팔란티어(Palantir, 시가총액 수십조 원)와 같은 기업을 만든 기업가이자, 페이스북 등에 초기에 출자한 투자자 피터 틸이 투자·지원한다. 틸이 해상 자치 도시 구상을 지원하는 건 우연이 아니다.

틸은 기업가·투자가로 유명하지만 사실 정치 운동가이기도 하다. 그는 2016년 미국 대선에서 도널드 트럼프 전 대통령을 공개 지지해 유명세를 탔다.* 틸이 트럼프를 지지한 배경에는 그의 민주주의에 대한 조소와 경멸이 깔려 있다고도 볼 수 있다. 과거에 틸은 이런 주장으로 물의를 빚은 적도 있다.

> "자유와 민주주의가 양립 가능하다는 걸 이제는 믿을 수 없다."[2]

누구의, 어떤 '자유'라는 말일까? 그가 말하는 자유는 틸처럼 운과 재능과 자산까지 가진 강자가 신대륙을 개척할 수 있는 자유일 것이다. 그 자유의 '족쇄'가 되는 게 민주주의다. 틸의 말을 의역하면 "민주주의라는 확성기로 목소리만 커진 바보들이 우리의 야심 찬 아이디어를 방해하는 게 딱 질색이다"는 이야기다. 틸의 생각을 필자 나름대로 추측하면 다음과 같다.

---

* 그러나 트럼프에 실망한 틸은 2020년 재정 지원을 중단했다. 2023년에는 모든 대선 후보 지지를 거부한다고 선언했다. 대선 후보들이 미국의 혁신 등에 관심 없다는 이유에서였다.

"바보에게나 가난한 사람에게나 똑같이 한 표가 주어지는 선출 민주주의는 특이한 재능과 경험을 가진 인간이 신대륙을 개척하고 가치와 차이를 만들어내는 걸 방해하는 제도다. 가능하면 그런 '평범한 사람(凡人) 지상주의'를 지양해야 한다. 결정이나 변혁을 할 때 가급적 (선출) 민주적 절차를 거치지 않고 강자가 독단으로 정할 수 있게 하자."

틸과 같은 사람들은 이런 고전적인 야심을 그대로 드러낸다. 그러기 위해서 틸과 비슷한 생각을 가진 강자들에게 독점 기업이나 폐쇄적 커뮤니티(Gated community)* 등을 만드는 건 누워서 떡 먹기처럼 쉽다. 이들은 캘리포니아주 독립운동을 위해 바다 위, 땅 아래, 우주 공간 등에 새로운 독립 국가를 만드는 일을 매우 진지하게 생각하고 있으며 실제로 수십억 원을 쏟아붓고 있다.

틸이 왜 2016년에 트럼프를 공개 지지했는지도 이런 발상의 연장선에서 보면 이해된다. 민주주의를 안에서부터 파괴하는 '인간 폭탄' 트럼프를 보며 가슴이 뛴다는 느낌을 받았을 것이다.

틸 같은 사람 입장에서 지금의 민주주의는 무지하고 아무것도 창조하지 않는 과반수 사람들이 분노**를 발산하는 제도다. 그러한 민주주의를 통해 대통령이 돼 민주주의의 추악함을 구체적으로 표현

---

* 담장으로 막힌 주거 단지. 자동차와 보행자 유입을 엄격히 제한하고 보안성을 높인 곳.

** ressentiment, 약자가 강자에게 갖는 억울함이나 원한. 독일의 철학자 니체가 쓴 용어.

한 '인간 폭탄' 트럼프는 민주주의가 스스로 무너져 내린 상징이었다. 틸은 "민주주의는 파괴된 게 아니라 수치스러운 나머지 무너져 내렸다"는 발상을 하는 듯하다. 만일 이런 감정을 건설적인 방향으로 구체화하면 그게 바로 해상자치도시협회와 같은 신국가 설립 운동이 된다.

| 독립 국가 레시피 1: 제로에서 다시 만들기

억만장자들의 '해상도시 놀이'만 있는 건 아니다. 비슷한 아이디어는 크고 작은 형태로 진행되어 왔다. 유사한 가치관이나 자산을 가진 계급의 사람만 출입할 수 있는 거주지를 만들려는 시도가 일부 국가에서 늘고 있다. 일명 폐쇄적 커뮤니티다. 폐쇄적 커뮤니티 내에서는 독자적인 세금 제도를 갖추고 경비와 감시, 보육과 교육 등을 자기 부담으로 하는 경우가 많다. 이렇게 되면 준(準) 독립도시의 양상을 띤다. 이보다 더 오래되고 애틋한 일화도 있다. 환상의 독립 국가 로즈 섬이다(그림 7).

로즈 섬은 금속으로 만든 인공 섬으로 면적이 약 400㎡에 이른다. 꿈이 많던 기사 조르지오 로사(Giorgio Rosa)는 같은 뜻을 지닌 몇 명과 함께 이탈리아 먼바다의 공해 경계 바로 인근에 공화국을 세웠다. 1968년 5월에 빈약하게나마 바와 클럽을 갖추고 있던 로즈섬은 곧 별난

그림 7 로즈 섬 공화국

※ 출처: Rimini, Isola delle Rose, 11 febbraio 1969

관광지로 주목받는다. 그리고 건설자인 조르지오 로사가 대통령으로 나서면서, 로즈섬은 자기 마음대로 독립을 선언해 시민권과 여권을 발급하기 시작했다. 독립 국가로 승인받기 위해 유엔과도 교섭했다.

하지만 이탈리아 정부는 가만히 있지 않았다. 독립선언 직후부터 탈세 등 혐의로 경찰관과 세무조사관이 섬에 상륙해 조사를 벌였다. 문제는 공해상에 있는 로즈 섬에 이탈리아의 주권이 미치는지 여부였다. 이를 문제 삼아 이탈리아 대법원에서 다툰 결과, 이듬해 정부 측이 승소했다. 당시 판결에 따라 로즈 섬은 이탈리아 해군에 의해 폭파돼, 건설된 지 불과 반년 만인 1969년 2월 자취를 감췄다. 이탈리아 공화국 사상 유일한 무력 침공이라고 한다.

극단적이고 조금 설레는 형태인 미소국가(微小國家, microstate 혹은 micronation) 로즈 섬은 해상 독립 국가 구상에 영감을 준다. 반골 기질의 소재를 묘하게 좋아하는 넷플릭스가 만든 오리지널 영화 '로즈 섬 공화국'에는 그 별난 이야기의 전말이 그려져 있다.[3]

이보다 더 유명한 해상 미소국가는 1967년 영국 앞바다에 출현한 시랜드 공국(Principality of Sealand)이다.[4] 기존 국가에 의해 폭파된 로즈 섬과는 대조적으로 시랜드 공국은 지금도 현존해 바다 위에 둥둥 떠 있다.

| 독립 국가 레시피 2: 이미 만들어진 국가 사들이기

무(無)에서 시작해 새로 만드는 게 아니라 이미 있는 국가나 지자체를 활용하는 방법도 있다. 프랑스혁명도 지방의회를 장악하면서 시작됐다는 사실은 잘 알려져 있다.

현대에도 특정 지자체로 대량 이주해 주민의 과반수를 차지하게 되면 해당 지자체의 선거를 좌지우지할 수 있다. 일본 도쿄 지요다(千代田)구의 구청장 선거의 경우, 최근 당선자의 득표수는 9,534표(2021년)다.[5] 즉, 1만 명을 이주시키면 수도인 도쿄의 주요 구청장 선거에 이길 수 있다. 1만 명이 '선거 유목민'으로 뭉치면 각지의 수장 선거를 차례차례 이겨서 최연소 수장을 대거 탄생시킬 수 있다.

소수(minority)와 다수(majority)가 역전되는 일도 가능하다. 국가 전체를 보면 완전히 소수인 젊은이도 특정 지자체로 대거 몰리면 그 곳에서는 다수가 될 수 있다. 이렇게 소수와 다수는 국지적으로 역 전된다. 이 같은 '지자체 탈취'의 선구적 사례가 1980년대에 있었다. 당시 세계를 휩쓸었던 인도의 신흥 종교 지도자 바그완 시리 라즈 니쉬(오쇼 라즈니쉬, 1931~1990)다. 다른 종교 세력과의 갈등으로 조국 에서 쫓겨난 라즈니쉬와 그의 무리는 미국 오리건주의 외딴 시골에 있는 마을로 집단 이주했다(그림 8).

그림 8 진짜 지자체 인수의 기점이 된 개척지

※ 출처 ©2003 Samvado Gunnar Kossatz

건물이 없는 빈 땅, 갱지(更地)*를 개척하고 살기 시작한 이들은 거기서부터 놀라운 전략을 취한다. 무료 버스를 미국 전역에 보내 '살 곳을 제공한다'라고 유혹한 뒤 많은 노숙자들을 이주시켰다. 그리고 마을 주민의 과반수를 차지했다. 이런 역사적 사실 역시 넷플릭스 오리지널 다큐멘터리 영화 '와일드 와일드 컨트리(Wild Wild Country)'에 나와 있다.[6]

영화에는 이들의 놀라운 생명력과 지자체 탈취 작전의 전말이 기록돼 있다. 그러나 이러한 시도도, 신흥종교단체도, 비극적 결말을 맞게 된다.

아예 완전히 새로운 독립 국가를 만들 수도 있다. 기존 자치단체나 국가를 인수하거나 이런 곳에서 준(準) 자치구를 만드는 것이 가능하다. 블록체인 기술에 힘입은 웹3.0**이 발달하면서 새로운 정치·경제 제도(선거·합의의 구조나 통화·증권의 구조)를 디자인하는 온라인 커뮤니티도 우후죽순 생겨나고 있다(그림 9).

자산가들이 가장 마음에 드는 정치 시스템을 실험하는 해상 국가혹은 디지털 국가로 도망치는 미래도 그리 멀지 않았다. 그 끝에는 공해, 해저, 우주 그리고 메타버스가 보인다.

---

* 건물도 없고 사법적 부담도 없지만, 공법상 규제를 받는 토지.

** 개인 맞춤형 서비스 제공이 가능한 차세대 웹. 블록체인, 메타버스 등이 대표적인 예.

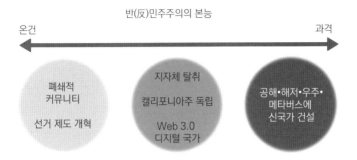

그림 9 독립의 여러 모습

반(反)민주주의의 본능

온건 ←————————————————————————→ 과격

폐쇄적
커뮤니티

선거 제도 개혁

지자체 탈취
캘리포니아주 독립

Web 3.0
디지털 국가

공해·해저·우주·
메타버스에
신국가 건설

| 독립 국가 : 다원성과 경쟁성

독립 국가 구상은 자유사립도시(Free Private City)라는 개념으로 설명된다. 자유사립도시는 흔히 민주주의 구성의 주요 성분으로 꼽히는 '경쟁성'이나 '다원성'을 역으로 적용한 전략이다. 다원성은 서로 다른 이해관계·견해·이념을 가진 정치 주체들이 참가해 이의를 제기할 수 있는 것을 말한다. 그리고 그런 사람들이 선거 등을 통해 경쟁에 내몰려 선별되어 가는 게 경쟁성이다.

바람직한 민주주의 특성으로 경쟁성을 분석한 사람은 『자본주의, 사회주의, 민주주의(1942)』를 쓴 조지프 슘페터였다.[7] 세계적으로 가장 널리 이용되는 경쟁의 장은 선거다. 이런 관점은 강력한 자기장을 형성해 '민주주의 하면 선거'라는 생각을 만들었고 지금까지도 뿌리 깊게 남아있다. 슘페터가 말한 본질은 선거 자체가 아니라 선거가 만들어내는 경쟁과 질에 근거한 선별에 있었음에도 말이다. 경쟁을 강조하는 슘페터에게 민주주의는 권력자를 긴장하게 하고 정치·입법·행정 의사결정의 질을 유지하기 위한 수단이었다.[8]

질을 높이기 위한 '수단'이던 민주주의를 그 자체로 가치 있는 '목적·이념'으로서의 민주주의로 되돌린 사람은 미국의 정치학자 로버트 달이다.[9] 조금 어렵게 들리지만 사실 별로 어려울 게 없다. 경쟁을 통해 질을 유지하겠다고 운운하기에 앞서 여러 생각(다원성)을 가진 사람이나 조직이 정치에 참여하고 공존하는 자체가 소중하다는 게 달의 생각이다.

슘페터의 경쟁성 강조와 달의 다원성 존중 사이에는 공통점이 있다. 경쟁성이나 다원성은 국가 '안'에서 일어나는 것이기 때문에 '지역성'을 띠고 있다. 이를 국가와 국가의 '사이'로 전환해서 생각해보자. 국가·도시의 두 특징인 경쟁성과 다원성을 국가와 국가 사이에 적용하는 것이다. 아직 존재하지는 않지만, 있을 법한 가공의 국가가 가진 '다원성'. 그리고 구(舊)국가가 경쟁을 통해 신(新)국가에게 위협받는다는 '경쟁성'. 이 두 가지 특징이 자유 사립 도시의 정체성(identity)이라 할 수 있다.

슘페터는 민주주의에서 국가 내로 한정된 자본주의적 경쟁을 보았다. 자유사립도시는 그런 제한을 걷어내고 국경을 초월한 글로벌 자본주의적 경쟁을 도입한다. 자유사립도시에서는 모든 것이 자본주의가 되고, 상품과 서비스가 된다. 정치제도도 그렇다. 그런 의미에서 자유사립도시는 정치적 성과보수의 궁극적 형태로 볼 수 있다. 성과에 대한 보수는 국가와 도시의 존속이고, 실패에 대한 징벌은 국가와 도시의 멸망이다.

ㅣ모든 것을 자본주의로 만든다, 혹은 '○□주의' 규제 완화

독립 국가만이 아니다. 미개척지로 도주하는 건 호모 사피엔스의 본성이다. 2021년 아마존 창업자 제프 베이조스가 우주 비행을 했다. 비행 후 기자회견에서 베이조스는 "아마존 직원과 고객에게 감사드린다. 여러분이 우주 여행비를 내주신 셈이다"라고 감사의 말을 전해 논란이 됐다. '제프 베이조스를 지구로 귀환시키지 말라'는 캠페인은 20만 명이 넘는 사람들의 호응을 받았다. 캠페인 주최 측은 이런 구호를 내놨다.[10]

"억만장자는 지구에도 우주에도 존재하지 말아야 한다. 하지만 만일 억만장자가 우주를 선택했다면, 거기에 계속 머물러야 한다."

세계 제일의 부자라고 해도 결국은 우리와 같은 지구에 머무를 수밖에 없다는 소리로 들린다. 하지만 만약 부자들이 정말로 우리 사회 밖으로 도망쳐 버린다면?

21세기 후반이 되면 억만장자들은 우주, 해상, 해저, 하늘, 메타버스 등으로 사라지고 민주주의라는 '실패한 장치'에서 벗어나 '성공한 사람에 의한, 성공한 사람을 위한 나라'를 만들지도 모른다. 선거와 민주주의는 정보 약자와 가난한 사람들이 사는 나라에만 남게 되고 비효율과 비합리의 상징이 될 수 있다.

그런 민주주의로부터 도망치는 일이야말로 프랑스·러시아 혁명에 버금가는 세기의 정치경제 혁명이 될 것이다. 프랑스·미국 혁명이 민주주의 혁명, 러시아 혁명이 공산·사회주의 혁명이었다면 다음에 다가올 혁명은 자본주의 혁명일 수 있다.

그렇지만 실제로 독립운동을 하는 것은 물론, '공공의 전파'를 이용해 독립운동을 하자고 호소해도 일본에서는 형법 78조의 내란 예비죄에 해당할 가능성이 있다. 다른 나라에도 이와 비슷한 형벌이 있다. 만일 민주주의로부터 도망치자는 독립운동에 투신할 경우 변호사와 상담한 뒤 위험을 무릅쓰고 인생을 바치시기를(그렇지만 어디에 그런 상담을 하는 변호사가 있다는 건가?!).

| 자본가 전제주의?

이내 새로운 걱정이 고개를 든다. 신(新)국가로 갈 수 있는 건 부유층만이 아니냐는 우려다. 또한 신국가는 자본을 가진 사람의 독재 국가가 되지 않을까 하는 우려도 있다. 그렇게 되면 뚜껑을 열어보니 자본주의 전제 정치보다는 민주주의가 차라리 낫다는 결과가 나오지는 않을까?

걱정도 있지만 희망도 있다. '이탈'이라는 희망이다. 통상적인 국가는 국민이 국가에서 이탈하기 어려운 구조다. 한 나라에서 이탈해 다른 나라로 갔을 때 받아들여질 수 있는 사람은 돈이 있거나 능력 있는 사람뿐이다. 국가를 이탈하기 어렵기 때문에 그 국가가 싫어도 모두 세금을 내고 법도 따른다.

반면 모든 것을 '자본주의' 방식으로 하는 신(新)국가는 다르다. 신국가선 상품이나 서비스를 선택하듯 국민이 국가를 고를 수 있다. 국가도 "자본 독재가 될 수도 있음을 미리 사과드립니다. 하지만 싫다면 언제든지 자유롭게 나가도 좋습니다"라고 말할 수 있다. 국가에서 이탈할 권리가 '나쁜 자본 독재'를 예방하는 희망을 준다는 것이다.[11]

신국가는 일반인에게도 문이 열려 있다는 낙관적 예감도 든다. 돈과 권력을 손에 넣은 인간은 결국 '위인'으로 여겨지고 싶다는 인정과 성취 욕구가 있다. 인정과 성취 욕구는 약자를 배려하는 행동을 낳는다.

이 원리를 신국가에도 적용할 수 있다. 물론 처음에는 자산이 있거나, 센스가 있거나, 영향력이 있는 소위 '상급 국민'을 선발해 국가 브랜드를 만들 것이다. 하지만 구(舊)국가를 대체하기 위해, 신국가는 결국 평범한 시민도 포용하는 이데올로기나 복지를 마련해야 한다. 그러기 위해서 가난한 이들을 추첨 등을 통해 받아들이자고 할 가능성이 높다.

| 도주와의 투쟁

하지만 도주에는 함정이 있다. 가령 신국가가 난립하면서 민주주의로부터 도주가 가능해졌다고 치자. 하지만 문자 그대로 도망칠 뿐이라는 사실이 문제다.

애초에 민주주의로부터 도망치는 것은 벼락부자의 발상이었다. 민주주의의 저주라는 '오물'을 뒤처리하는데 엄청난 돈을 쓴 것에 불과하다는 말이다. 투표가 만들어낸 저주를 '돈'이 만들어낸 저주로 대체할 뿐이다. 도주하려는 부자들은 때때로 '가속주의*'처럼 뭔가 깊은 의미가 있는 듯한 암호 같은 어휘를 동원해 이야기하겠지만, 결국은 자산가나 똑똑한 사람들이 속도를 높여 바보나 가난한

---

* 정치사회 이론에서 급진적 사회 변화를 일으키기 위해 자본주의 발전이나 역사적, 기술적인 발전을 가속해야 한다는 관점.

사람들의 질투로부터 도망치자는 얘기에 불과하다는 생각이 든다.

역사 속에서 이와 같은 부자 중심주의와 엘리트주의는 다양하게 변주되어 왔다. 평범한 사람의 지배가 못마땅하고 '정치적 세금'이 부과되는 민주주의가 싫어 조세 피난처와 민주주의 피난처로 도망친 자산가들이 민주주의에 내재된 문제를 해결하지는 않을 것이다.

새로운 사회를 구상하려는 시도는 자칫 기존의 적을 새로운 적으로 바꾸는 일로 수렴하기도 한다. 새로운 국가 건설을 통해 민주주의로부터 도망치는 일도 예외는 아니다. 폐쇄적 커뮤니티나 바다 위에 떠다니는 '부유(浮遊) 도시'처럼 반민주주의 운동의 주체들은 민주주의에 실망한 나머지, 정보 부족과 빈곤이 민주주의의 적이라고 오인하기 쉽다.

그런 세계관에서 사람들은 세계의 비밀을 쥐고 신대륙과 이윤을 개척하는 자산가를 친구로, 질투와 증오심을 갖고 있는 무지한 민중을 적으로 여긴다.

그러나 정보 약자와 가난한 사람을 배제하고서는 문제를 풀 수 없다. 이는 마사지만으로 몸이 회복되었다고 착각하는 것과 비슷하다. 골격이나 근육을 바꾸지 않는 한, 몸이 가진 근본 문제는 해결되지 않는다. 제도 자체를 바꾸지 않는 한 민주주의의 문제는 근본적으로 낫지 않는다. 냄새나는 곳에 뚜껑만 덮어놓는 셈이다.

적과 동지를 구별하는 데 집착하는 나쁜 습관에서 벗어나자. 민주주의로부터 도망치거나, 투쟁하거나, 대중을 가상의 적으로 만들지 않고, 친구로서 다시 한 번 민주주의를 바라볼 수는 없을까? 그러한 민주주의를 구상하는 게 우리의 과제다. 우리 곁에 와야 할 독립 국가라는 '틀'의 내용을 채우는 구상 말이다.

구
상

문제를 외면하기보다 민주주의 이념을
순수하게 구현하는 구조를 만들 수는 없을까?
선거도 정치인도 없는 민주주의는 불가능할까?

/ 선거 없는 민주주의를 향해 /

민주주의로부터 도망치기보다는 민주주의를 되살리고 싶다. 어떻게 하면 가능할까? 민주주의를 빈사 상태로 몰아간 지금의 상황을 고려하면서 민주주의를 '재발명'하는 일이 필요하다. 민주주의 이념을 보다 정확하게 구현하는 새로운 제도라고 말해도 좋다. 특히 전 세계 민주주의를 전부 삼켜버린 알고리듬 기술을 역이용해 선거를 개선할 필요가 있다.

사람들이 더 이상 선거에 참여하지 않는 세상을 상상해 보자. 선거 없는 세계에서 민주주의는 가능할까? 사실상 투표율의 측면에서 보면 이런 현상은 벌어지고 있다.

1980년 75%였던 일본 중의원 선거 투표율은 2017년 54%까지 떨어졌다. 참의원 선거에서는 2019년 투표율이 48%로, 절반을 밑돌고 있다.[1] 유권자 과반수가 투표에 참여하지 않는다는 의미다. 시간이 많아 투표하는 것을 좋아할 법한 고령자가 증가하고 있음에도 불구하고 말이다. 선거 역시 신문이나 TV처럼 조용히 존재감이 옅어지고 있는 '전통 예술'과 같은 운명이 될지도 모른다. 민주주의 그리고 정치와 선거가 운명 공동체라면 민주주의 또한 노쇠의 한가운데에 있다.

사실 선거 없는 민주주의는 가능하며, 오히려 바람직하기까지 하다. 선거 없는 민주주의의 한 형태로 제안하고 싶은 것은 바로 '무의식 민주주의'다. 이를 '센서* 민주주의', '데이터 민주주의' 그리고 '알고리듬 민주주의'라고 해도 좋다. 이는 22세기로 향하는 시점에서 수십 년에 걸쳐 착수해 볼 만한 운동이다.[2]

　　"그러나 민주주의를 단순히 정치의 방식으로 여기는 것은 틀렸다. 민주주의의 근본은 더 깊은 곳에 있다. 민주주의는 '모두의 마음속'에 있다"(1948년 일본 문부성이 출간한 중고생용 교과서)[3]

　모두의 마음속에 있다고 하니 실제 우리 마음을 들여다보자. 인터넷이나 CCTV가 포착하는 일상에서의 말, 표정, 신체 반응, 숙면 정도나 심박수, 겨드랑이에서 나오는 땀의 양, 도파민, 세로토닌, 옥시토신 등의 신경전달물질이나 호르몬 분비량… 이 모든 것이 사람의 의식과 무의식적인 욕망·의사를 파악하는 데이터다. 데이터를 통해 다양한 정책 논점이나 이슈에 대한 의견이 새어 나오고 있다.
　이런 데이터에는 '그 제도는 좋다', '아, 정말 싫다…'와 같은 민의(民意)가 숨겨져 있다. 여론조사 기관이나 '세계가치관조사(World Values Survey)'** 등이 연중무휴로, 대량으로, 여러 각도에서 온갖 질문과 문맥

---

* 열, 빛, 온도, 압력, 소리 등의 변화를 감지해서 알려주는 부품.

** 사람들의 가치관과 믿음을 탐구하고, 이것이 시간이 지남에 따라 어떻게 변화했는지 조사하는 비영리기구. 오스트리아 빈에 있다. 1981년 이후로 약 100개 국가에서 조사를 시행해 오고 있다.

에 따라 계속 민의를 조사하는 것과 같다.

지금까지 선거는 민의 데이터 수렴을 위한 유일한 채널이었지만, 앞으로는 여러 채널 중 하나로 격하되고 상대화된다. 여러 가지 민의 데이터 채널을 융합하고 중첩하면 선거 등 개별 채널이 피하기 어려운 진실 왜곡을 막을 수 있다. 특정 채널의 중요도가 지나치게 높아져서 악한 의도가 있는 자에게 진실이 왜곡될 위험도 없다.

자동화·기계화된 의사결정 알고리듬이 이렇게 수집된 데이터로부터 각 논점·이슈에 대한 의사를 도출해 낸다. 여기에서 이뤄지는 결정은 정당이나 정치인에 대해서가 아니라 각 논점·이슈에 대해서다.

의사결정 알고리듬은 사람들의 민의 데이터와 함께 다양한 정책 성과지표(GDP, 실업률, 학업성취도, 건강수명, 웰빙지수)를 조합한 목적함수의 최적화를 통해 만들어진다. 민의 데이터는 '사람들이 정책을 통해 무엇을 이루려 하는가'에 있어서, 사람들의 가치 기준을 찾는 데 이용된다. 또한 성과지표 데이터는 그 가치를 기준으로 최적의 정책을 선택하는 데 사용된다.

의사결정 알고리듬은 잠도 자지 않고, 쉬지도 않고 계속 일할 수 있으며 다수의 논점·이슈를 동시다발적으로 처리한다. 그렇기 때문에 개개인이 각각의 논점에 대해 의식적으로 생각하거나 결정할 필요성이 약해진다. 무의식 민주주의이기 때문이다.

인간의 주된 역할은 이제 선택하는 일이 아니다. 인간은 대체로 기계·알고리듬에 의한 가치판단이나 추천, 선택에 몸을 맡기고, 뭔

가 잘못된 경우에 이의를 제기하고 거부하는 '게이트 키핑' 역할을
하면 된다. 이제 정치인은 소프트웨어와 고양이로 대체된다. 도대체
무슨 말일까. 하나씩 알아보자.

/ 민주주의란 데이터의 변환이다 /

민주주의란 데이터의 변환이다. 다소 거친 표현일지 몰라도, 그렇게 잘라 말하고 싶다. 민주주의란 결국 모두의 민의 데이터를 입력하고, 사회적 의사결정을 출력하는 규칙 혹은 장치라는 말이다. 따라서 민주주의를 디자인한다는 것은 (1)입력되는 민의 데이터 (2)출력되는 사회적 의사결정 (3)데이터에서 의사결정을 도출하는 규칙·알고리듬(계산 절차)을 디자인하는 일이다(그림 10-A).

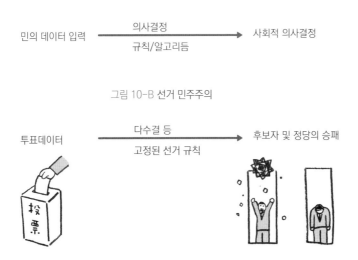

그림 10-A 데이터 변환으로서의 민주주의

민의 데이터 입력 　→　 의사결정 규칙/알고리듬 　→　 사회적 의사결정

그림 10-B 선거 민주주의

투표데이터 　→　 다수결 등 고정된 선거 규칙 　→　 후보자 및 정당의 승패

그림 10-C 무의식 데이터 민주주의

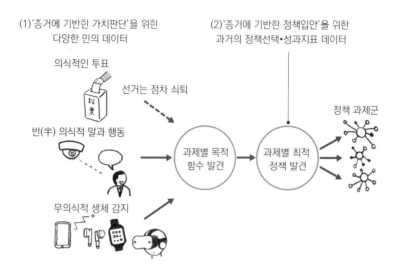

(1)'증거에 기반한 가치판단'을 위한
다양한 민의 데이터

(2)'증거에 기반한 정책입안'을 위한
과거의 정책선택·성과지표 데이터

의식적인 투표

선거는 점차 쇠퇴

반(半) 의식적 말과 행동

무의식적 생체 감지

과제별 목적
함수 발견

과제별 최적
정책 발견

정책 과제군

데이터 변환으로서 민주주의의 가장 쉬운 예는 물론 선거다. '민
주주의를 구현해 낸 것'이라고 우리가 당연하게 여기는 선거는 어떻
게 보면 단순한 데이터의 집계다. 정치인이나 정당을 선택하기 위해
인공적으로 기호를 만들어 늘어놓고, 누가 좋은지를 각자가 투표한
다. 그리고 투표 정보가 다수결과 같은 고정된 규칙에 따라 집계돼
누가 이길지, 어느 정당이 집권할지를 결정한다.

말하자면 선거는 투표 데이터를 입력하고 그 데이터에 따라 '어느
정치인이 당선될까', '어느 정당이 정권을 잡을까'를 결정해 출력하
는, 다소 거친 규칙이나 알고리듬이다. 선거는 놀라울 정도로 대충

설계된 단순한 데이터 처리 장치라 할 수 있다. (그림 10-B).

그렇다면 왜 선거라는 '엉성한' 데이터 처리 장치가 이렇게 잘난 듯이 민주주의의 핵심에 있을까? 선거에서 사용되는 데이터의 질이 좋거나, 양이 충분해서가 아니다. 입후보한 소수의 정치인·정당 중 선호하는 하나를 선택했을 뿐인 투표 데이터는 투표자의 뜻과 생각의 극히 일부만 반영하는 빈약한 데이터라는 사실은 누가 봐도 분명하다. 데이터 처리 방법이 세련되지도 않았다. 다수결처럼 선거에서 자주 사용되는 집계 방식은 결함투성이로 알려져 있다.[4]

그런 결함과 한계에도 불구하고 우리가 선거를 받아들인 이유는, 수백 년 전 나라 전체를 대상으로 설계·실행할 수 있었던 데이터 처리 장치가 그것밖에 없었기 때문이다. 그리고 법과 역사를 통해 우리가 선거에 정통성과 권위를 부여했기 때문이다. 처음과 끝이 분명하고 승자와 패자를 확실히 결정하는 게임과 같은 '투명성' 덕분에 우리는 선거를 받아들였다. 폭력이나 내전 등에 의한 '피투성이 의사결정'을 피할 수 있다는 점도 선거를 받아들인 이유다.[5]

반대로 말해, 지금 제로(0)에서 민주주의를 제도화한다고 하면 선거와는 다른 것이 나올 게 분명하다. 민주주의가 이용하는 데이터의 질과 양 그리고 데이터 처리 방법에는 개선의 여지가 많다. 민주주의적 의사결정이라는 데이터 변환에서의 '입력'과 '출력'에서 질과 양 모두를 크게 개선할 수 있다. 그 사례가 그림 10-C에 나타난 무의식 데이터 민주주의다. 이 복잡하고 특이한 이미지를 차례대로 설명해 보자.

| 입력 데이터의 해상도*를 높이고 입사각을 바꾸다

가장 먼저 해야 할 일은 이른바 '민의'나 '일반의사'**에 관한 데이터 해상도를 높이고 여러 각도에서 데이터를 확보하는 것이다. 지금은 선거에 의존하지 않더라도 사람들의 의사와 가치관, 욕구를 알 수 있는 데이터가 갈수록 많아지고 있다. 그러한 정보에 민의가 반영되고 있다는 당연한 사실을 데이터 변환으로서의 민주주의에 적용하면, 민의 데이터를 얻는 채널을 수백, 수천 가지로 늘려갈 수 있다.

마치 인류가 처음에는 먹기 두려웠을 소의 내장이나 해삼을 '먹을 수 있는 것은 모두 먹어본다'는 정신으로 마주하면서 성장해 온 것과 비슷하다.

우리가 사용할 수 있는 데이터를 모두 써보자. 민주주의의 '입출력' 과정에서 '섞어찌개'***를 만들 듯 여러 데이터를 이것저것 다 넣어보자는 이야기다.

---

* 데이터 분석과 머신 러닝에서의 해상도는 데이터가 얼마나 정밀하게 측정되었는지를 나타내는 지표.

** 장 자크 루소가 쓴 『사회계약론』의 중심 개념. 개인적 이기심을 버리고 사회 계약의 당사자가 되는 공적 주체로서의 국민 일반의 의지를 말한다.

*** 일본어로는 闇鍋(やみなべ)라고 한다. 각자가 가지고 온 음식을 무엇인지 모르게 한 냄비에 넣고 끓여 어둠 속에서 먹으며 즐기는 요리.

민의 데이터의 알기 쉬운 예를 보자. 먼저 선거에서 무슨 일이 일어나고, 어떤 사람이 어떤 정책을 원하는지 기록한 데이터가 있다. 선거에 관한 통계나 보도를 보면 단순한 집계 정보만 나오는 경우가 많다. '각 정당이나 후보자가 몇 석을 얻었다'는 식의 정보다. 하지만 선거에서 투표한 사람은 여러 가지 속성을 갖고 있다. '과거에 어떤 경위로 해당 선거까지 왔는가' 하는 이력 정보가 대표적이다. 예를 들면 이번에 여당에 투표한 사람은 어쩌면 지난 정권 교체 때 갑자기 마음이 바뀐 사람이거나, 야당 정권의 보기 딱한 모습에 절망해 여당으로 돌아간 사람일 수 있다. 나이, 성별, 가족 구성에 대한 정보가 있다면 유권자들의 행동과 그 배경이 되는 생각과 감정을 보다 선명하게 읽어낼 수 있다.

이런 시도는 실제로 있었다. 미국의 블록체인 화폐 이더리움 기업인 L2나 벤처캐피털 회사 카탈리스트(Catalist)는 개별 유권자가 어떤 사람이고 언제·어느 선거에서 누구에게 투표했는지를 측정하고, 미래의 투표 성향을 예측한다. 이런 방식으로 수억 명을 수십 년에 걸쳐 추적해 선거와 관련된 데이터를 쌓고 있다. 지난 2016년 미국 대통령 선거*에서 옛날식 전화 조사 등의 신뢰도가 추락한 사실과 맞

---

* 당시 트럼프 대 힐러리에서 여론조사 결과를 뒤집고 트럼프가 승리했다.

물려 이제는 L2나 카탈리스트 등의 기업들이 구축한 데이터가 미국 선거에 관한 가장 신뢰할 수 있는 정보의 원천으로 간주된다.

이런 데이터를 사용하면 어떤 배경을 가진 유권자가 어느 정당과 정치인 그리고 정책을 요구하는지 측정할 수 있다. 단순한 투표 여부나 선거 결과에 그치지 않고, 유권자의 의사와 욕망을 더욱 선명하게 포착할 수 있다. 이런 풍부한 데이터를 사용하면 지금 사용되는 단순한 다수결 투표만이 아니라 남은 생애를 기준으로 표에 가중치를 두거나, 성별이나 세대별 정수제(쿼터제)를 마련하는 등의 가상 선거제도를 시뮬레이션할 수 있다. 앞선 제2장 '투쟁'에서 소개한 대로다.

일본 선거제도에서도 비슷한 시도가 있었다. 과거 초등학생 시절 친구의 도움을 받아서 해냈던 여름방학 숙제*처럼, 필자는 자체적으로 데이터를 수집해 '#리얼선거분석-참의원 선거 2019 프로젝트'를 수행하고 공개한 적이 있다.[6] 이 조사를 통해 일본은 학력, 연봉, 세대, 성별 등 외부에서 관찰할 수 있는 유권자의 속성이 실제 투표 행동에 영향을 적게 준다는 사실을 알았다. 진짜 중요한 사실은 바로 유권자의 '내면'이었다. 이 데이터를 통해 우리는 '노력이 보상받는 사회라고 생각하는가', '미래의 밝은 사회상을 그릴 수 있는가'와 같이 애매모호하고 주관적이며 내면적인 물음에 대한 답변이 여당에

---

* 일본 초등학교에서는 방학 때 자유롭게 연구 주제를 하나 정해 과제를 제출한다.

대한 신뢰 여부를 결정한다는 사실을 알게 되었다.

이런 형태의 데이터는 득표율뿐만 아니라 득표의 '질'을 측정할 수 있게 된다. 득표율이 '몇 명이 투표했는가'의 결과만을 정량적으로 나타내는 데 비해 '누가, 어떻게 투표했느냐'는 과정이나 배경까지 나타내는 것이 바로 필자가 나름대로 정의한 득표의 '질'이다.

그런 질을 측정하는 시도가 사실 TV 세계에는 있다. '몇 명이 프로그램을 시청했나'를 나타내는 시청률과 관련해, 누가 보고 있는지(개인 특정), 어떻게 보고 있는지(시청 태도)를 수치화한 '시청의 질'을 알려주는 티비전인사이츠(TVision Insights)라는 업체의 데이터 장치다. 인체 인식 기술을 탑재한 센서를 TV 상부에 설치해 TV 앞에 있는 시청자 각각의 시선을 매초 읽어 시청의 '질'을 측정한다. 이런 시도가 선거의 세계로 확산되어 득표의 질까지 측정할 수 있는 데이터가 쌓이면, 뉴스나 정견 방송에 관한 시청의 질 데이터는 곧 선거에 버금가는 민의가 될 날이 올 것이다.

| 데이터로서의 민의2: 회의실의 목소리를 듣다

그렇다고 해도 선거 데이터는 지나치게 온건하고 평범하다. 민의를 데이터화하기 위해서는 선거라는 전통적인 행사에서 벗어나 다른 목소리도 들어야 한다. 오디오메타버스라는 회사에서 만든 커뮤니케이션 시각화 시스템 '트랜스페어런트(Transparent)'에는 음

성 감정 해석 장치인 '엠패스(Empath)'를 융합한 장치가 있다. 이 장치는 회의실 내의 의견이나 목소리의 높낮이를 기록하고 시각화한다. 음성 환경 분석으로 커뮤니케이션을 풍부하게 만드는 것이 목표인 기업 하이러블 역시, 온라인 회의 참가자의 발언 횟수나 양 등을 데이터화해서 시각화하는 작업을 하고 있다. 매사추세츠공과대학교(MIT)에서 소셜 머신(컴퓨터를 기반으로 정보를 공유하고 문제를 해결하는 시스템) 그룹을 이끄는 캐나다 출신의 음성학자 뎁 로이가 자신의 가족을 대상으로 실험하여 만든 '휴먼 스피치 홈 프로젝트'(Human Speechome Project)는 집안에서 가족 구성원의 목소리와 신체 움직임을 무수히 많은 마이크와 카메라로 상시 관측해 다중 시공간 차원의 동영상 데이터로 축적한다.

| 데이터로서의 민의3: 길거리의 소리를 듣다

앞으로는 사람들의 목소리를 데이터화하는 일이 회의실이나 가정을 넘어 세상 구석구석까지 침투할 것이다. 예를 들어 CCTV 카메라망이 국토를 뒤덮은 걸로 유명한 중국. 재미있는 점은 CCTV 카메라 동영상의 일부가 일정 시기까지는 중국판 트위터(현재 X)인 웨이보에 떡하니 공개됐다는 사실이다. 이에 주목한 사람은 진짜와 거짓의 경계를 예술로 바꿔놓는 미술작가 쉬빙(徐冰)이었다. 쉬빙은 CCTV 카메라가 기록한 영상을 오려 붙이는 방식으로 그럴듯한 픽션을 구성해 영화를 만들었다. 2만 8000개의 눈이 있다는 잠자리에서 따온 '잠자리의 눈(Dragonfly Eyes)'이란 제목의 영화다.

감시 카메라의 마이크는 정치인과 정책에 대한 칭찬, 비웃음, 욕설 등을 포착한다. 이런 데이터도 민의다. 일상생활의 부산물로 나오는 새로운 형태의 여론조사나 가치관 조사라 할 수 있다. 이런 민의 데이터를 익명화한 다음에 사회적 의사결정에 사용하면 어떨까? 일단 고정관념에서 벗어나 세상에 존재하는 그리고 미래 사회에도 존재할 모든 것을 생각해 보자. 우리가 과연 어떤 정부, 어떤 정책을 원하는가에 관해 말해주는 모든 정보를 모으는 것이다. 그게 바로 필자가 '민의 데이터'라고 부르는 존재의 정체다.

| 만화경으로서의 민의

반(半) 의식·무의식 반응을 포함하는 폭넓은 민의 데이터에는 두 가지 기능이 있다. 하나는 앞서 말한 것처럼 민의를 뚜렷하게 볼 수 있게 해상도를 높이는 것이고, 두 번째는 데이터 종류를 바꾸는 기능이다. 무슨 말일까? 빛을 비추는 각도에 따라 다양한 표정을 보여주는 만화경 같은 존재, 그것이 바로 민의다. 그런데 민의는 누구 앞에서 표현하느냐에 따라 달라진다. 선거를 앞두고 한 표를 요청하는 후보자 앞에서 내는 의견, 여론조사를 하는 방송국 마이크 앞에서 내는 의견, 소규모 비공식 모임에서 내는 의견, 가족이나 친구 앞에서 수다를 떨 때 내는 의견이 다를 수 있다. 어쩌면 의견이란 건 아침저녁 다르고 공복일 때와 배부를 때도 다를 수 있다.

지금의 선거는 이 가운데 투표용지에 표기할 때의 의견만을 수렴한다. 민심에도 표정이 있다면 그런 표정을 왼쪽 45도 각도 위*에서만 찍는 셈이다. 하지만 실상은 다르다. 방심하고 있을 때 나오는 정보 또한 민의가 가진 또 다른 표정이다. 민의 데이터를 도출하는 각도와 시야를 넓히면, 특정 각도에서 보는 것만으로는 알 수 없는 민의의 전체적인 모습을 파악할 수 있다.

| 왜곡, 조작 그리고 민의 데이터 앙상블

민의의 다양한 표정을 왜 여러 각도에서 추출할 필요가 있을까? 어떤 선호도나 의사, 가치관을 표명하든지 간에 이를 표명하는데 쓰인 채널에 따라 왜곡이 발생하기 때문이다. 회의실이나 거리 등에서 수집한 민의 데이터에는 왜곡이 있을 수 있지만, 여러 채널을 조합하면 이를 바로잡을 수 있다.

그런데 우리가 왜곡이 없을 거라고 여기는 선거 결과에도 사실 이미 상당한 왜곡이 오랫동안 존재해 왔다. 겉보기에는 수많은 정보를

---

* 흔히 말하는 '얼짱 각도'로 예쁘게 나오게 찍는다는 뜻으로 왜곡이 된다는 의미.

취합하고, 심사숙고하여, 한껏 고양된 의식으로 마음을 굳혀 선택을 한다고 하지만, 실제로는 TV나 SNS에 드러난 정치인의 지어낸 말투나 표정에 유도되고 있음을 보여주는 다양한 증거가 있다.

민의 데이터 그리고 선거, 여기서 각각 발생하는 두 개의 왜곡을 근거 없이 차별하려는 태도는 "사람들의 목소리를 집약하는 큰 역할은 오직 선거만이 할 수 있다"라는 기득권층의 차별 의식일 뿐이다.

또한 어딘가에 정말 투명하고 완전무결한 '민의'나 '일반 의사'가 있다는 환상을 버려야 한다. 우리가 할 수 있는 건 단일하고, 완전무결하며, 왜곡 없는 민의를 추출하는 채널을 찾는 게 아니다. 그런 건 없다. 선거 역시 완전무결한 채널이 아니다.

다만 우리가 할 수 있는 일은 선거나 트위터(현재 X), CCTV 카메라 등과 같은 개별 채널에 과도하게 의존하는 것을 피하고 다수의 채널에 조금씩 의존하는 일이다. 즉, 특정 방향의 지나친 왜곡을 피하는 것이다.

머신러닝, 인공지능, 통계학 등이 문제 해결의 실마리를 줄 수 있다. 이런 분야에서는 입력 정보 X로부터 출력 정보 Y를 정확하게 예측하는 것이 요구된다. 예를 들어 이미지 검색 엔진의 목표는 X가 사진의 픽셀 데이터일 때, "이미지 중에 고양이가 포함되어 있느냐"

에 해당하는 Y를 예측·판단하는 것이다. 챗봇*을 예로 들면 X가 지금까지 나온 말, Y가 다음에 나올 수 있는 말이다. 날씨 예보라면 X가 레이더나 기상위성에서 얻은 구름과 바람의 움직임, 기압 등의 정보이며 Y는 내일의 날씨와 기온이 된다(그림 11-A).

X로부터 Y를 잘 예측하고 판단하는 알고리듬을 만들기 위해 많이 사용되는 방식이 있다. 우선 X로부터 Y를 예측하는 알고리듬을 많이 만든다. 그리고 이 알고리듬 군(群)의 가중평균**을 최종적인 예측 알고리듬으로 삼는다(그림11-A). 이런 작업은 알고리듬의 평균을 취하므로 평균화(averaging) 학습이라고 불린다. 알고리듬의 집합을 생각하기 때문에 앙상블(ensemble)학습***이라 불리기도 한다.

발상은 단순하다. 각각의 알고리듬은 왜곡(편향)을 포함해서 불안정하다. 하지만 많은 알고리듬을 더해서 평균을 취하면 왜곡은 지워지고 보다 정확한 예측이 만들어진다. 이런 발상이 무의식 민주주의와 어떤 관련이 있을까?

'민주주의는 데이터 변환'이라는 명제를 다시 한 번 떠올리면 좋

---

* Chat Bot, 대화형 인공지능의 한 종류로서 메신저에서 사용자와 소통하는 봇.

** 자룻값의 중요도를 반영해 구한 평균값.

*** 평균화는 머신 러닝에서 단일 학습 모델의 약점을 보완한 방식. 뛰어난 성능을 가진 모델들로만 구성하지 않고, 성능이 좀 떨어져도 서로 다른 모델을 섞는 것이 전체 성능을 높이는 데 도움이 된다는 발상에 따른 것. 앙상블 학습 기법도 여러 개의 개별 알고리듬 모델을 조합해 최적의 모델을 만드는 방법이다.

그림 11-A 통상적인 기계학습에서 다중 알고리듬 융합

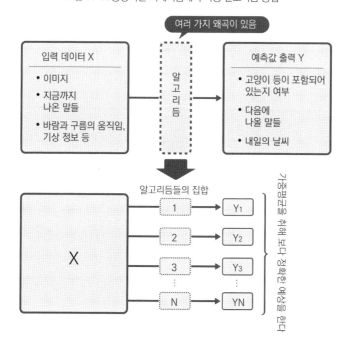

그림 11-B 무의식 민주주의에서 복수의 민의 데이터 알고리듬을 융합하는 이미지

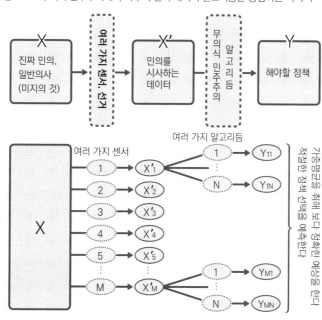

겠다. X가 민의 데이터, Y가 실행해야 할 정책이라면 민주주의에서는 X에서 Y를 결정하는 적절한 데이터 변환 규칙(알고리듬)을 만들어 내는 것이 과제다. 문제는 국민의 X를 직접 알아낼 수 없다는 점이다. 때문에 선거, 다양한 센서, 미디어 등을 사용해 민의라는 X를 보여주는 데이터를 추출한다. 이 과정에서 평균화나 앙상블화를 한다는 발상이 도움이 된다.

즉, 입력 데이터 X를 다양한 알고리듬으로 변환해서 평균화 학습이나 앙상블 학습을 할 수 있도록 하는 것이다. 무의식 민주주의도 직접적으로는 보이지 않는 민의 X를 다양한 센서로부터 읽어내 평균화 혹은 앙상블화하게 된다(그림 11-B). 선거 역시 민의에 관한 하나의 왜곡된 데이터로 존재하듯이, 다른 채널도 나름의 왜곡·편향을 가지고 있다. 하지만 다양한 채널을 융합해 평균을 취하면 그 왜곡을 없앨 수 있다. 해상도나 입사각이 서로 다른 다양한 민의 데이터를 조합하면 이런 장점이 생긴다.

제3장 '도주'에 나온 경쟁성과 다원성의 논의를 떠올리기 바란다. 평균화 학습, 앙상블 학습을 하는 알고리듬은 무의식 민주주의에 데이터 알고리듬의 다원성과 경쟁성을 가져온다는 점도 주목해야 한다. 다양한 민의 데이터가 서로 경쟁하면서, 보다 나은 민의가 추출된다. 무의식 데이터 민주주의가 진짜 민주주의라고 하기에 충분한 이유가 여기에 있다.

/ 알고리듬으로 민주주의를 자동화하다 /

| 증거 기반 가치판단, 증거 기반 정책입안

무수한 채널과 센서로부터 추출한 민의 데이터의 앙상블 위에 싹튼 것이 무의식 민주주의다(그림 10-C). 무의식 민주주의는 언제든 접속할 수 있는, '선거 없는 사회적 선택'이라 부를 수 있다.

'일반의사'가 포함된 비정형 데이터*를 넣어서 의사결정을 하는 것이 무의식 민주주의 알고리듬이다. 이 알고리듬을 디자인하는 것도 데이터에 맞춰 이뤄진다. 사람들이 내놓는 민의 데이터에 더해 GDP, 실업률, 학업성취도, 건강 수명, 웰빙지수와 같은 성과지표를 조합한 목적함수를 최적화하도록 알고리듬이 만들어진다. 구체적인 의사결정 알고리듬의 디자인은 다음의 두 단계로 이뤄진다.

(1) 각 논점·이슈별로 가치판단 기준이나 목적함수를 민의 데이터에서 읽어낸다. 예를 들어 경제정책에 빼놓을 수 없는 중요

---

* 정형화되지 않은 데이터. 대표적인 비정형 데이터에는 동영상 파일, 오디오 파일, 사진, 메일 본문 등이 있다. 비정형 데이터는 데이터 구조가 없어 비정형 데이터 자체만으로는 내용에 대한 질의 처리(query processing)를 할 수 없다. 질의 처리는 사용자의 질문에 대한 답을 얻기 위해 비용이 가장 적게 드는 방법을 찾아내고 요구한 결과를 보여주는 과정이다.

한 질문, "성장을 위해서라면 빈부 격차를 얼마나 감수할 수 있는가"라는 식의 가치판단에 대한 답을 민의 데이터에서 읽는다.

(2) 가치판단·목적함수에 따라 최적의 정책적 의사결정을 내린다. 이 단계는 과거의 다양한 정책이 어떠한 성과지표로 이어졌는지, 과거 데이터를 사용해 그 효과를 검증하면서 실행된다.

(2)는 이른바 증거에 기반한 정책입안(Evidence-Based Policy Making: EBPM)에 가깝다. (1)은 증거에 기반한 목적 발견(Evidence-Based Goal Making: EBGM) 즉, 증거에 기반한 가치판단(Evidence-Based Value Judgement)이라 할 수 있다. (1)은 필자가 만든 단어다.

무의식 민주주의에서 알고리듬을 만들기 위해서는 EBPM(최적 수단 발견 및 낭비 절감을 위한 데이터·증거 이용)과, EBGM(정책 목적 발견을 위한 데이터·증거 이용)을 합치면 된다. 이렇게 하면 그림 10-C와 같은 무의식 민주주의의 전체적인 그림이 그려진다.

논점·이슈는 하늘의 별처럼 많기 때문에 '민의 데이터'는 대중의 흥미를 보여주지 않을 때가 있고, 성과 데이터를 통해서도 대체 뭘 해야 할지 알 수 없는 경우도 있다. 그런 경우에는 랜덤(무작위)으로 고르면 된다.

무의식 민주주의 알고리듬의 학습·추정 및 자동 실행 과정은 모두 공개되어야 한다. 이는 선거 규칙이 공개된 것과 같다. 항상 오픈

소스* 개발 커뮤니티가 알고리듬을 검증·갱신하면서, 블록체인 기술에 근거한 자율 분산형 조직**(DAO) 형태로 움직인다.

이미 존재하는 알고리듬 또는 인공 지능과 어떤 점이 다른지 설명하면 무의식 민주주의 알고리듬을 이해하는 데 도움이 된다. 실제로 알고리듬에 의한 추천·선택은 현재 사회에서도 많이 행해지고 있다. 온라인 쇼핑에서 사용자의 속성이나 과거의 검색 데이터로부터 상품을 추천하는 추천 알고리듬이 전형적이다. 온라인 쇼핑 추천 알고리듬에서 선택할 때의 가치 기준·목적함수는 알고리듬 설계자의 손에 있다. '클릭율을 높이고 싶다', '수익을 올리고 싶다'는 가치 기준이 있다면, 알고리듬은 그 기준에 맞게 서비스 설계나 추천·선택을 한다. 이것이 현재 사회에서 사용되고 있는 알고리듬·인공지능으로, '증거 기반 정책입안'의 자동화된 비즈니스 버전이다.

무의식 데이터 민주주의는 이런 기존의 알고리듬을 확장하는 것이다. '민의 데이터'를 재료로 머신러닝 학습을 통해 '무엇을 가치 기준으로 삼을까' 자체를 결정하기 때문이다. 결국 다음과 같이 정리할 수 있다.

---

* 소프트웨어의 설계도에 해당하는 소스코드를 인터넷 등을 통해 무상으로 공개하는 것. 유용한 기술을 공유함으로써 전 세계 누구나 자유롭게 소프트웨어의 개발에 참여하게 하면 우수한 소프트웨어를 만드는 데 도움이 된다는 생각에 바탕을 두고 있다.

** Decentralized Autonomous Organization. 탈중앙화 자율조직. 중앙화된 관리 주체가 없이 투명하게 정해진 규칙에 따라 구성원이 자율적으로 의사결정에 참여하는 조직.

무의식 데이터 민주주의 = (1) 증거 기반 가치판단(새 아이디어)
+ (2) 증거 기반 정책입안(오래된 아이디어)

│ 데이터 증거의 두 얼굴

위의 두 가지를 한 단계 더 깊이 파 보자. 근대 민주주의에서 국가와 정책을 이끈 원동력은 겉으로 보기에는 사람들의 일반의사와 민의였다. 오랜 역사 속에서 일반의사를 추출하기 위해 쓰였던 불완전한 인터페이스는 선거와 로비였다. 선거, 미디어, 청원을 통해 국민으로부터 의사를 부여받은 입법부와 행정부는 자원과 전문성을 바탕으로 국민의 뜻을 이루기 위한 정책 수단을 실행한다. 이런 플롯대로 근대 민주주의가 흘러왔다.

그런데 세상을 바라보면 뭔가 이상하다. 입법부와 행정부가 선택한 수단이 과연 효과가 있는지 의심이 든다. 무엇보다 일반의사를 수렴할 수 있어야 할 선거의 그물망이 촘촘하지 않다. 여당과 야당, 보수와 진보라는 두 가지 선택지 중에 하나를 강요당하기에 전 세계가 '선거 해킹'*을 당하고 있는 상황이다.

---

* 일반적으로 해킹은 컴퓨터 시스템에 부정하게 침입하는 것을 뜻하지만 선거 해킹은 선거 결과가 유리하도록 선거구 획정을 조작하는 등, 편법에 가까운 수법을 동원한다는 의미에 가깝다.

이런 상황에 주목해야 할 것이 데이터 그리고 데이터에 기반한 증거다. (2) 증거에 기반한 정책입안을 통해 정부나 지자체의 시스템을 디지털화해 효율적으로 바꾸고, 디지털 데이터로 최적의 정책을 발견한다. 즉, 주어진 목적에 따라 낭비를 줄이거나 정책 수단을 개선하는 일이다.

그런데 데이터에는 또 하나의 숨은 역할이 있다. 사람들의 의사나 목적 자체를 '발견'하는 것이다. 사람들의 의식적인 목소리를 빨아들이는 선거와 더불어 사람들이 의식하지 못하는 암묵적 욕구와 목적까지 데이터에서 찾아낼 수는 없을까? (그림 12) 데이터 증거의 두 가지 역할을 합하면 무의식 데이터 민주주의가 드러난다.

그림 12 수단 개선을 위한 데이터, 목적 발견을 위한 데이터

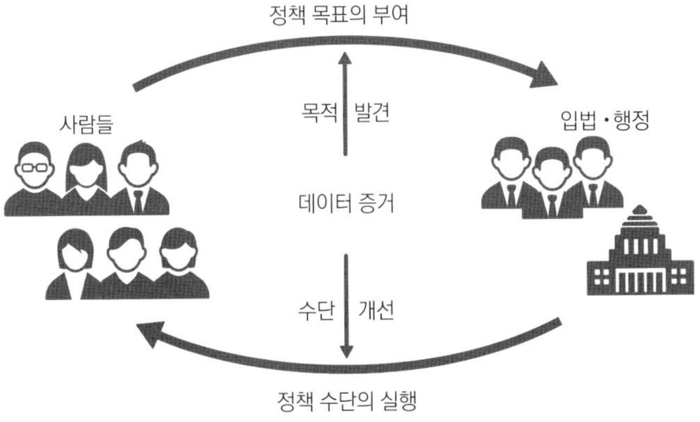

어떤 센서를 가지고 어떻게 데이터를 수집하고 계산할 것인가? 데이터를 수집하고 계산할 권한은 누가 갖고, 정책 목표를 부여하는 작업은 누가 할까? 해결되지 않은 문제가 산더미다. 하지만 아련한 실루엣이 보인다는 감각, 그것이 중요하다.

| 출력 : 일괄 대의 민주주의를 넘어, 인간도 넘어

데이터를 기반으로 무의식적으로 자동 실행되는 '무의식 데이터 민주주의'는 전례 없는 확장성(Scalability)*과 자유를 얻게 된다. 무엇보다 인간이 선택지를 의식적으로 곱씹을 필요가 없고, 선거 포스터의 크기나 TV 출연 시간 길이도 중요한 제약 사항이 아니게 된다. 무의식 민주주의 알고리듬은 컴퓨터 시스템이기 때문에 사람과 달리 지치지 않는다. 그러다보니 무수한 정책 이슈나 논점에 동시 병행적으로 대응하고, 의사결정을 해 나갈 수 있다. 선택지가 아무리 복잡하더라도, 수 백만 개 이상이 되어도 충분히 대응할 수 있다.

정책 논점은 무수히 많고, 각각의 논점에 대한 유권자나 정치인의 생각, 지식의 깊이는 각양각색이다. 이를 전부 정리해서 몇 년에 한 번 있는 선거에서 특정 정치인이나 정당에 맡겨버리는 지나치게 단

---

* 블록체인에서 확장성이란 네트워크가 성장하면서도 빠르게 거래를 처리할 수 있는 능력을 말한다.

순화된 '인간 의존적 발상'을 포기하자. 그리고 '상시 자동 병렬 실행' 시스템으로 바꾸자. 그렇게 하면 선택이나 정보처리를 인간의 손에 맡기기 위해 필요했던 정당과 정치인이 더는 우리의 선택지가 아니게 된다.

그렇다면 무엇이 의사결정 알고리듬의 선택지가 될까? 복잡하고 수많은 개별 정책 이슈다. 우리는 알고리듬을 이용해 정책·이슈별로 의사결정이 이뤄지는 대량의 출력 채널을 보다 풍부하게 다(多)채널화·고(高)차원화할 수 있다. 그러면 정당이나 정치인에게 모든 정책 의사결정을 일괄적으로 맡길 필요가 없다. 이렇게 되면 민주주의를 '입력'하는 쪽에서도, '출력'하는 쪽에서도 인간의 모습은 사라진다.

| 어차피 선거는 다수파의 축제일뿐

중요한 것은 소수자의 목소리를 어떻게 수렴하느냐이다. 제2장 '투쟁'에서 언급했듯이 현재 선거 민주주의의 결점은 '모든 논점에 모두가 의견을 갖는다'는 허울뿐인 논리가 적용되고 있다는 점이다. 예를 들어 특정 소수 집단에 관한 제도를 설계해야 하는데도, 이 집단과는 거의 무관한 다수파의 복잡한 이해관계와 의견이 설계에 관여한다. LGBT(성소수자) 관련 법제가 전형적인 예다.

소수자의 문제를 해결하기 위해 선거제도를 개혁하자는 제안이

나온 지는 오래됐다. 각각의 이슈에 영향을 미치는 사람에게 자기 표를 맡길 수 있는 일종의 '투표 바우처'를 주고, 투표하는 사람 각자가 자기에게 중요한 논점에 대한 투표권만 구입한다는 아이디어다. 이는 제2장 '투쟁'에서도 언급한 선거 개편이다.

하지만 선거제도를 개편한다고 해도 뜨뜻미지근한 느낌이 들고, 여전히 소화불량에 걸린 듯하다. 애초에 모두가 참여하고 모든 이슈에 목소리를 내는 선거라는 축제 자체가 문제다. 그런데도 선거를 포기하지 않는 이유는 무엇일까? '왜 선거가 안고 있는 문제와 선거 규칙을 수정해서 문제를 극복하려 하는가'라는 원래의 질문으로 돌아가게 된다.

앞에서 다룬 선거제도 개혁안은 '유권자가 교육을 받고 정보를 손에 쥐고 오랜 시간 생각해 의식적으로 누구에게 투표할지 선택한다'고 전제하는 '의식 민주주의'에 지나치게 집중하고 있다.

지금처럼 단순한 다수결 선거제도에서조차 유권자는 유도와 선동에 휘말리거나, 분위기에 휩쓸려 표를 던지는 '군중 행동'을 한다. 이런 상황에서 다양한 선거 개혁안들은 유권자에게 '무엇에 투표할 것인가', '누구에게 내 표를 맡길 것인가'처럼 무거운 짐일 뿐이다. 이렇게 하면 '의식 민주주의'를 더욱 강화하는 꼴이다. 그렇다면 차라리 '의식 민주주의'를 포기하면 어떨까?

선거를 의도적으로 경시하는 '무의식 민주주의'라면 오히려 당사자인 소수의 목소리, 그들이 목 놓아 외치다가 쉬어버린 목소리와 비통한 표정을 정책에 반영할 수 있다. 특정 이슈에 영향을 받는, 특정 이슈에 지대한 관심을 가진 사람들의 간절한 목소리는 민의 데이터에 잘 드러난다.

각 이슈에 대한 '절실한 목소리'를 토대로 내린 가치판단을 중시하면 다양성과 행복도와 같은 성과지표가 좋아질 수 있다. 또 증거에 기반한 정책입안 을 통해 우리들은 소수자의 절실한 목소리를 중시하는 선택을 할 수 있게 된다.

이런 선택을 하다 보면 민주주의의 발바닥에 박힌 '가시'도 빼낼 수 있다. 기본적으로 다수파와 소수파는 상극이다. 하지만 무의식 민주주의에서는 다수파와 소수파의 구분이 희미하다. 무의식 민주주의에서는 논점마다 알고리듬과 선택이 끊임없이 변한다. 따라서 다수파와 소수파는 언제든지 생겼다 사라지는 아지랑이가 된다. 무의식 민주주의에서는 모든 사람이 다수파인 동시에 소수파다. 선거 퍼포먼스 아티스트이자 재야 정치활동가인 도야마 고이치(外山恒一)가 도쿄도지사 선거의 정견 방송에서 외쳤듯이 말이다.

"선거로 결정하면, 다수가 이기는 걸로 정해져 있다."

하지만 무의식 민주주의에서는 모든 사람이 상황에 따라 때로는 다수파이고 때로는 소수파다. 지금 상황에서 선거는 다수파의 축제일 뿐이지만, 무의식 민주주의에서는 다수파 + 소수파의 일상이다.[7]

| 투쟁하는 구상

이렇게 구축되는 무의식 민주주의 알고리듬에는 제2장 '투쟁'에서 논의한 민주주의의 고장에 대한 대책이 담긴다.

A) 선출된 정치인이 미래와 외부·타인을 위한 정책을 펼치도록 인센티브를 만든다

→ 무의식 민주주의 알고리듬에는 장기 성과에 따른 보수연금이 내재돼 있다. 무의식 민주주의 알고리듬을 만드는 데 있어 부품과도 같은 '증거 기반 정책입안'은 성과를 극대화하도록 구축되어 있다. 이 부분에 장기 성과지표를 통합하면, 실질적으로 장기 성과를 낸 사람에게 보수연금을 주는 식이어서 '무의식 민주주의'에 인센티브를 주는 일과 같다.

B) 유권자가 정치인을 뽑는 선거 규칙을 미래와 외부·타인에게 향하도록 바꾼다

→ 무의식 민주주의 알고리듬은 장기 성과보수연금으로 인센티브를 주어 미래와 외부·타인 지향의 의사결정을 하도록 유도한다. 이는 선거 규칙을 조금 수정하는 정도로 답답하고 간접적인 방법이 아니다. 무의식 데이터 민주주의는 직접적으로 미래와 외부 그리고

타인을 향한다. 성과지표를 평가하는 시점을 정치인이나 유권자의 수명보다 더 길게 초(超) 장기로 설정할 수도 있다. 그러면 제2장 '투쟁'에서 상상했던 '먼 미래의 성과보수'를 현재의 정치에 포함하는 일이 이론적으로 가능하다. 이렇게 무의식 민주주의는 아직 태어나지 않아 목소리를 낼 수 없는 미래 세대의 이해관계까지 고려하게 된다. '지금 살아있는 사람만 목소리를 낼 수 있다'는 선거의 결함과 작별할 수 있다.

ⓒ 유권자의 머릿속에서 극단화되는 SNS에 개입해 오염을 제거한다

→ 선거뿐만 아니라 무수한 민의 데이터를 혼합하는 무의식 민주주의는 인터넷과 SNS로 인해 유권자의 의식과 선거가 고장나거나 오염되는 일에서 다소나마 벗어날 수 있다. 이렇게 무의식 민주주의는 고장난 민주주의와 종합 격투기 시합을 벌이는 양상으로 나타나게 된다.

| '1인 1표'의 새로운 의미

무의식 데이터 민주주의에서는 '1인 1표'의 의미도 진화한다. 각 이슈·논점에 대한 절실함은 사람마다 다르므로 모든 이슈·논점에 대해 모든 사람이 같은 영향력을 가질 필요는 없다. 말하자면,

각 이슈·논점에 1인 1표여야 할 필요가 없다는 뜻이다. 다만 천재도 바보도, 전문가도 정보 약자도, 억만장자도 가난한 사람도 무의식 민주주의 의사결정에 대한 총영향력은 같아야 한다.

각각의 데이터가 의사결정에 미치는 영향을 측정하는 복잡한 알고리듬 기법이 최근 10년간 개발돼 왔다.[8] 최근 개발된 방식을 적용하면 모든 사람이 동일한 총영향력 또는 평균적 영향력을 갖는 무의식 민주주의 알고리듬을 구현할 수 있다.

| 무(無)오류주의에 저항하는 확률적 알고리듬

이렇게 되면 곧 걱정과 우려가 생길 수 있다. '알고리듬으로 정치인·정당을 대체하는 게 가능할 리가 없고, 알고리듬이 혹시 실수하면 어떻게 하나'라는 생각이다. 나아가 알고리듬에 맡기는 일이 '결정이 어려울 때는 랜덤으로 선택하는 것'만큼이나 당치도 않은 일이라고 생각할 수 있다.

하지만 인간도 자주 실수한다. 남을 비난만 하는 정치인이나 우리 자신을 돌이켜보면 그렇다. 알고리듬보다 인간이 우월하다고 여길 이유가 없다. 그리고 잔인한 사실이지만, 좀처럼 변하지 않는 인간과 달리 알고리듬은 맹렬한 속도로 학습하고 진화한다.

어쩌면 실수를 환영해도 좋지 않을까? 알고리듬과 랜덤 선택으로 인해 생기는 선택 오류는 어떤 선택이 옳은지 몰라 혼란스러운 우리에게 세상의 새로운 면모를 보여줄 수도 있기 때문이다. 실제로 자칭 '노마드 예술가'이자 컴퓨터 엔지니어인 맥스 호킨스는 자신의 취향에 따른 '틀림없는' 선택이 너무 지루하다고 생각한 끝에, 매일 아침 주사위를 굴리듯 알고리듬을 돌려서 가볼 장소와 먹을 음식을 정하고 우연에 몸을 맡기는 생활을 했다.

알고리듬과 랜덤 선택에 의한 '자동화 민주주의'는 무(無) 오류주의와 책임 추궁으로 막혀 있는 우리 사회에 어쩌면 꽤 괜찮은 탈출구를 제시할 수 있다. 때로는 우연에 몸을 맡기는 선택을 해도 괜찮다. 그 자체가 어떤 선택이 더 나은 성과를 가져올 수 있는지 알려주는 사회적 실험이 되어, 미래의 무의식 민주주의에 기여하는 데이터를 만들어 줄 수 있다.

| 알고리듬, 차별도 하고 편견도 있다

물론 무의식적인 민의 데이터를 모으는 데 따른 위험도 있다. 인간의 무의식 속에 있는 차별적인 생각이나 편견이 민의 데이터 안에서 증폭될 수 있기 때문이다. 사실 인간의 사고와 행동을 데이터로 학습할 때 인공지능(기계학습 알고리듬)은 편견이나 차별적 사고, 행동까지도 배우는 경우가 있다. 예를 들어 미국 등 몇몇 나라에서는 경찰이나 법원이 순찰이나 체포, 보석 결정 등을 머신러닝 알고리듬에 맞춰 내리면서 논란이 불거졌다. 머신러닝 알고리듬을 그대로 방치하게 되면, 알고리듬 특성상 범죄 예측률을 높이기 위해 무엇이든 하기 때문에 민족 차별주의나 성차별주의적 알고리듬이 순식간에 만들어질 수 있다.

알고리듬에 있어서 공평이나 평등을 어떻게 담보할 것인가 하는 문제는 현재 크게 유행하고 있는 연구 주제다. 필자와 동료들도 최근 국제컴퓨터학회(ACM)에서 '알고리듬과 최적화에 있어서의 공평성과 접근권'이라는 이름의 국제회의를 시작했다. 이 문제를 해결하는 데는 두 가지 길이 있다. 차별적 동물인 사람으로부터 유래한 데이터에서 알고리듬이 편견을 배우지 않도록 수정하는 방향 그리고 원(原) 데이터인 사람에게서 차별과 편견을 없애는 방향이다.

필자는 알고리듬을 수정하는 전자의 방법이 더 낫다고 생각한다. 인간을 바꾸기보다는 알고리듬을 바꾸는 게 더 쉬워서다. 알고리듬이 차별주의자가 되지 않는 기법을 개발하는 작업이 최근 맹렬한 기세로 진행되고 있어서, 그런 연구 성과를 무의식 민주주의 알고리듬에 접목시켜도 좋겠다.

| 선거 VS 민의 데이터에 주목하기

물론 지금까지 이야기는 좀 단순화한 측면이 있다. 지금의 선거제도도 어느 날 갑자기 예고 없이 튀어나온 것은 아니다. 선거에서는 가장 단순화한 형태로 의사가 표명되며, 승패를 결정한다.

정당이나 정치인, 미디어, 로비스트는 무수히 존재하는 이슈 가운데 어느 이슈가 현재의 관심사인지를 파악해 공약과 정책 패키지를 정리한다. 물론 선거에 이르는 과정에 민의 데이터가 반영되기는 하지만, 결국 표는 엉성한 집계에 불과하다. 선거 전 단계의 민의를 추정하는 일이 현재로서는 문서화하지 않은 블랙박스와 같은, '관계자의 밀실'에서 행해지고 있으며 기록도 빈약하다는 점이 문제다. 일반 유권자 입장에서 보면 알 수 없는 형태로 압축된 정책 패키지가 어디선가 내려오고, 몇 개의 패키지 중에서 하나의 선택을 강요당한다. 게다가 정책 패키지를 살펴보면 정당 간에 '그래서 뭐가 다른지' 잘 모를 정도로 닮았다.

그런 현재 상황과 대비해 보면 무의식 데이터 민주주의는 민의를 읽으면서 정책 패키지를 정리하기 전의 단계를 좀 더 명확하게 가시화하고, 명시화하며, 규칙화하려는 시도다.

그리고 소프트웨어나 알고리듬에 몸을 맡김으로써 무수한 쟁점들을 지나치게 패키지화하지 않고, 있는 그대로 마주하려는 시도라 할 수 있다. 그렇게 해서 정당과 정치인이라는 20세기의 냄새가 나는 '중간 단체'를 줄일 수 있다.

| 웹 직접 민주주의에서 멀리 떨어져

무의식 데이터 민주주의는 웹을 이용한 직접 민주주의와도

다르다. 인터넷 시대에는 정당·정치인과 같은 중간 단체를 거치지 않고 모든 시민이 특정 논점에 직접 투표하는 대규모 직접 민주주의가 가능하다. 마치 언덕 위에 모여 큰 소리를 지르던 고대 그리스 아테네식의 직접 민주주의를 전 지구 차원으로 확장하는 것이다. 이는 인터넷 여명기에 자주 언급되어 온 꿈같은 이야기다.

물론 웹 직접 민주주의가 기술적·물리적으로 가능한지를 물으면, 그렇다고 말할 수 있다. 하지만 실현 가능하더라도, 웹 직접 민주주의에는 큰 장벽이 두 가지 있다.

첫째, 선거 민주주의가 가진 세 가지 약점인 '동조', '조작', '양극화'다. 웹 직접 민주주의를 해도 다른 사람의 눈치를 보며 덩달아 투표하거나(동조), 결과가 조작되거나 양극화된 결과가 나올 수 있다는 의미다.

둘째, 일정 개수 이상의 이슈·논점을 다루는 일은 무리다. 전 지구적 차원의 직접 민주제 애플리케이션을 통해 한 가지 이슈에 1초 만에 투표할 수 있어도, 만약 투표를 10만 번 해 달라고 한다면 누구나 슬쩍 앱을 닫고 싶어질 것이다.

이렇게 두 가지 한계가 불가피한 이유는 웹 직접 민주주의도 결국 사람들이 숙고해 투표하는 의식적 선거 민주주의의 한 형태이기 때문이다. 이런 어려움을 극복하는 것이 무의식 데이터 민주주의다. 무의식 데이터 민주주의는 투표에만 의존하지 않고 자동화·무의식화되어 있다. 그렇기 때문에 여러 이슈나 논점에 동시에 대처할 수 있다. 의식적인 투표와 선거가 가진 세 가지 약점도 완화한다.

/ 불완전한 새싹 /

무의식 민주주의에 연료가 들어갔다고 상상해 보자. 이는 시민들이 기계 장치의 추천에 몸을 맡기는 사회다. 명상 애플리케이션을 통해 자신의 내면과 마주하는 듯, 정부는 무의식 민주주의 알고리듬의 신탁(神託)*에 몸을 맡긴다.

선거나 여론으로부터 부분적으로 거리를 둔 채, 다양한 민의 데이터를 원천으로 이슈별 '목적함수'를 만든다. 그리고 이를 최적화하는 정책 의사결정이 이슈별로 자동 실행된다.

| 글로벌 군사 의사결정 운영시스템

무의식 민주주의의 새싹이 부분적으로 싹튼 영역이 이미 있다. 예를 들면 미국 국방부가 사용하는 팔란티어(Palantir)의 고담 (Gotham)이란 운영 시스템이다. 고담은 SaaS**(Software as a Service)이다.

고담은 위성 등의 감지 장치를 통해 다른 나라 전투기나 군함, 잠수함의 동향을 실시간으로 파악한다. 만약 불규칙한 움직임이 나타

---

* 신이 사람을 매개자로 하여 그의 뜻을 나타내거나 인간의 물음에 대답하는 일.

** 기본 IT 인프라를 인터넷을 통해 최종 사용자에게 제공하는 클라우드 컴퓨팅 서비스.

나면 가능성 있는 시나리오를 예상해 군대가 취해야 하는 행동의 우선순위를 추천한다.

이른바 '글로벌 밀리터리 의사결정 운영시스템(OS)'이다. 우연인지 필연인지, 이 팔란티어를 공동창업한 것도 앞서 언급한 피터 틸이다.

| 금융 정책 기계

군사·안보 분야만이 아니다. 경제 정책에도 무의식 데이터 민주주의가 싹트고 있다. 예를 들면 금융정책에 있어서도 무의식 데이터를 활용하고 있다. 미국 중앙은행에는 기준금리를 어느 수준으로 설정할지를 정하는 거시경제 예측 알고리듬이 존재하며, 이는 중앙은행 총재의 의사결정에 영향을 준다.

금융정책 의사결정이 부분적으로 알고리듬화, 소프트웨어화 되고 있는 셈이다. 거대한 거시 경제 모델에 최근 경제 데이터를 넣은 뒤, 최적으로 보이는 금융 정책 후보군을 도출하는 방식이다. 이런 후보군을 일종의 '신탁'으로 보고 중앙은행이 의사결정을 할 때 고려하는 일이 이미 이뤄지고 있다.[9]

물론 한계도 있다. 현재 중앙은행 알고리듬이 읽어내는 데이터는 물가, 국내총생산(GDP), 소비량 같은 전통적인 경제 변수뿐이다. 하지만 머지않아 전 세계 공급망 현황, 구매 행동, 소비하는 사람의 표정까지 센서가 전달하고 그 데이터를 수시로 반영하는 세계 경제 모형으로 확대될 것이다.

| 세금 징수국* 그리고 세금 알고리듬

이 밖에도 세금 제도 설계를 예로 들 수 있다. 세제는 경제 정책의 중요한 문제다. 정부나 국가를 돌아가게 하려면 국민으로부터 세금을 짜낼 필요가 있지만 세율이 너무 높으면 국민이 일할 마음을 잃게 돼 경제가 망가진다. 너무 높지도, 너무 낮지도 않은 딱 맞는 지점에서 세율을 정해야 한다.

지금까지는 과거의 추세나 여론, 로비, 예산표 등에 근거해 정치인이나 정책을 만들어야 하는 관료가 잠도 자지 않고 조정을 거듭해서 세율을 정했다.

반면 경제학자들은 수학적 경제모델을 바탕으로 최적인 세율을 계산해, 이를 정책으로 제안했다. 하지만 이 둘을 모두 잊어버리고 알고리듬에 세금 디자인을 맡겨 보는 건 어떨까?

이런 발상을 한 온라인 마케팅회사 세일즈포스(Salesforce)와 하버드대학교 연구팀은 인공적인 경제 구조를 만든 뒤 세금 제도를 심층

---

* 원문은 マルサの女. 일본 국세청 세금징수국을 무대로 한 인기 드라마. 탈세 소재를 풀어낸 한국 드라마 '38사기동대'와 비슷한 소재의 드라마다.

적으로 학습한 알고리듬으로 세제를 결정했다.[10] 여기에 쓰인 알고리듬은 장기와 바둑에 쓰이는 인공지능에도 자주 사용되는, 시행착오를 겪으면서 의사결정을 최적화하는 알고리듬이었다. 그 결과 경제학 이론을 통해 도출된 최적화된 세금 제도보다 더 나은 세금 제도가 탄생했다. 알고리듬을 이용하면, 이론도 실험도 협상도 필요치 않게 된다.

무엇보다 좋은 점이 하나 더 있다. 세제를 만들 때 고민거리는 어떤 세제를 설계해도 '절세 기술'을 활용해 세제의 허점을 파고드는 무리가 생긴다는 사실이다. 알고리듬은 그런 패거리들도 자동으로 대처한다. 절세와 탈세를 하는 사람의 행동도 알고리듬이 흡수하는 경제통계 데이터 속에 자동 반영되기 때문이다.

그러한 데이터에 최적으로 반응하는 알고리듬은 편법적인 세(稅)테크와 자동으로 맞붙어 싸운다. 이런 시도는 정치인, 관료, 경제학자를 기계나 알고리듬으로 대체하려는 무의식 민주주의의 또 다른 꿈이다.

이런 선구적 사례가 생겨난 건 금융정책이나 세제가 수학적으로 표현하기 쉽고 기존 경제통계 데이터와 궁합이 잘 맞기 때문으로 보인다. 이와 비슷한 변화가 세제나 금융 정책을 넘어 보다 폭넓은 공공정책이나 정치적 의사결정에도 일어날 수 있다.

| 새싹의 한계 : 자동 가치판단과 알고리듬 투명성

그러나 앞서 나온 예들은 무의식 민주주의를 향한 불완전한 첫걸음일 수밖에 없다. 두 가지 한계가 있기 때문이다.

첫째, 증거에 근거한 가치판단이 결여되어 있다. 기존 방식은 가치판단이 알고리듬을 사용하는 인간에게 맡겨져 있다. 금융 정책의 경우 알고리듬이 보여주는 건 다양한 금융 정책을 선택할 때, 거시경제 지표에 무슨 일이 일어날지를 판단하는 '시나리오 예측'인 경우가 많다. 즉, 이로부터 가치판단 및 최종 선택을 하는 일은 사람에게 맡겨진다. 군사적 의사결정을 할 때도, 무력 충돌이나 용인 한도를 넘는 적군의 불규칙한 행동을 회피하는 것이 목적이다. 그러나 경제나 군사처럼 명료한 목적이나 지표가 없는 경우, 어떻게 증거에 기반한 가치판단을 할 수 있을까? 나아가 어떻게 알고리듬이 사람 대신 가치판단을 하도록 할지가 해결해야 할 최대 과제다.

일부 국가에서는 증거 기반 목적 발견이나 가치판단이 어렴풋하게나마 시작되고 있다. 최근 몇 년간 중국 공산당 정권의 경제 정책이 급변했다는 소식을 자주 접한다. 중국 정부는 '돈이라면 얼마든지 벌어라'라는 식의 정책*으로 세계 시가총액 최상위의 글로벌 기업이나 수 조엔(수 십 조원) 자산의 부자를 키웠으나, 최근 이같은 방

---

* 덩샤오핑 시대의 선부론. '부자가 될 수 있는 사람부터 부자가 되어라'는 정책. 경쟁과 차등을 인정했다.

침을 바꾸고 있다. 중국 정부가 '공동부유*' 정책으로 전환한 건데, 이 정책을 택하면서 부의 쏠림을 문제 삼고 기업가나 자산가를 적대시하는 것으로까지 보인다.

태도가 변한 계기는 중국판 트위터 웨이보에서 나온 민의 데이터일 가능성이 높다. 웨이보에서 빈부 격차나 불평등을 한탄하거나 '부자 때리기' 목소리가 커졌기 때문에 중국 공산당 정부가 태도를 바꾸게 됐다는 해석이다.

사실일까? 사실이라면 웨이보 데이터가 얼마나 결정적인 역할을 한 걸까? 답은 중국 공산당만이 알고 있다. 하지만 이런 사례는 '증거 기반의 목적 발견'에 관한 아이디어를 잘 보여준다. 중국에서 민의 데이터를 바탕으로 경제 정책의 목적함수를 '성장'과 '거대기업 육성'(선부론)에서 '분배'(공동부유론)로 급선회하는 가치 전환이 일어난 셈이다.

사실 대부분의 정부가 정도의 차이는 있어도 '증거 기반의 목적 발견' 행위를 하는 것으로 보인다. 정부의 이런 행위는 미디어 동향 파악의 연장선상에서 자연스럽게 이뤄지고 있다. 단지 필자가 말하는 '증거 기반의 목적 발견'은 투명한 알고리듬에 의해 자동적으로 시행된다는 점에서 정부의 그것과는 다르다.

두 번째 한계는 의사결정 알고리듬이 비공개되는 경우가 많다는

---

* 시진핑 정권에 들어 강조되는 공동 부유론은 "같이 벌어 모두 잘 살자"는 주장.

점이다. 민주주의적 절차 구현을 위해서는 알고리듬을 공개해야 한다. 마치 법이 명문화되고 공개되면서 투명성을 확보한 것과 같다. 무의식 민주주의 정부를 규제하고, 정부의 이념과 정책에 대해 합헌과 위헌 여부를 판단하고, 알고리듬을 토론과 새로운 제안에 노출하는 것이 필수다. 가치 기준이나 의사결정을 하는 데 사용되는 데이터 자체는 프라이버시 등의 제약 때문에 공개할 수 없더라도, 데이터를 '어떻게 사용해 어떻게 결정하는가'라는 무의식 민주주의의 규칙과 알고리듬은 공명정대해야 하고 투명하게 공개되어야 한다. 이는 선거에서 개인의 투표용지(=데이터) 자체는 공개하지 않지만, 투표 결과에 이르는 집계 규칙은 공개하는 것과 같다.

하지만 어떻게 해야 민간기업도 개발에 참여하는 알고리듬을 공개하게 만들 수 있을까? 지난 수백 년간의 아날로그 헌법의 역사와 함께해 온 피와 폭력의 혁명이 필요할까? 아니면 새로운 디지털 입헌운동을 해야 할까? 여기에 또 하나의 미해결 문제가 있다.

| 무의식 민주주의의 개화

이런 한계가 극복된 사회를 상상해 보자. 증거에 기반한 가치판단이 이뤄져 이를 투명하게 공개하고, 무의식 민주주의 알고리듬이 모든 정책 영역에 침투하는 사회 말이다. 현재는 알고리듬이 정책을 추천할 뿐 최종 결정은 정치인과 관료가 손을 맞잡고 내린다. 하지만 점점 최종결정까지도 '정책 기계'가 내릴 수 있게 된다. 사람들은 카페라테를 마시고 게임을 하면서, 중간중간 정책 기계가 폭발하지 않는지만 곁눈질로 확인하는 방식으로 나아갈 것이다.

이런 흐름이 어느 시점을 지나면, 무의식 민주주의가 의식 민주주의 전반에 밀착하게 될 것이다. 최근 애플 워치(Apple Watch)의 TV 광고 (그림 13)를 보면 이런 미래가 개인 차원에서 이미 벌어지고 있음을 보여준다.

지금까지 개인이 사용해 온 디지털 장치는 인간을 돕고, 인간에게

그림 13 알고리듬 선택의 정통성: 추천에서 지도(指導)로

좋은 행동을 '추천'하는 존재였다. 추천 뒤의 행동은 결국 사용자에게 달려 있다. 하지만 이 광고에서 나오는 애플 워치는 조금 다르다. 사람이 게으른 행동을 할 것 같으면 애플 워치가 사용자의 걷는 방향을 바꿔 차를 타는 대신 자전거를 타게 하거나, 침대에 눕는 대신 수영장에서 수영을 하도록 만든다. 이는 애플 워치가 생활을 디자인하는 강렬한 시각적 이미지를 보여주었다.

기계가 인간을 지도하고 강제하는 셈이다. 이는 미래의 유토피아나 디스토피아가 아니다. 지금의 일상이다. 디바이스(device)라는 '상사'에게 인간이라는 '부하'가 끌려다니는 의사결정일지라도, 그 의사결정이 제대로 작동한다고 느껴지면 '그걸로 좋다'는 정통성이 부여된 것이다. 이렇게 의사결정의 정통성 개념이 바뀌는 과정이 사회 전반에 일어날 것이다. 먼저 개인에, 기업에, 나중엔 국가에도 일어난다.

민주주의에 의한 정책결정의 대부분은 무의식적으로 자동 실행되고, 애플 워치 광고에서처럼 처음엔 위화감을 느끼겠지만 이윽고 익숙해져 자동 실행되고 있음을 깨달았을 때는 이미 당연해져서 더 이상 인식조차 할 수 없게 된다. 정치적 무의식이 개척되고, 국가의 골격이 조정되며, 인격의 개조가 완료되는 것이다.

이것이 "SF 소설에나 나올 법한 이야기"라고 치부할 정도로 터무니없지 않다. 역사를 1,000년 이상 거슬러 당시의 일본 무사와 농민들에게 물어본다면 지금과 같은 전국적인 선거를 황당무계하고 채산성도 무시한 폭거라고 대답했을 것이다. 규모, 속도, 비용을 결정하는 기술환경과 가치관이 변하면, 수십 년에서 수백 년 후에는 무의식 민주주의가 가능해진다. 어쩌면 무의식 민주주의는 따분할 정도로 상식적인 가까운 미래의 모습일 수 있다.

현재의 민주주의는 낡은 데다 필요할 때 제대로 결정하지 못하기 때문에 '비상사태'에 특히 취약하다. 반면 독재정권이나 전제주의 정권에서는 지도자가 미치광이가 되면 곧바로 '비상사태'가 되어 버린다. 민주주의와 전제주의의 좋은 점만을 따온 행복한 융합은 없을까?

무의식 민주주의가 여기에 하나의 해답을 준다. 민의 데이터를 무의식적으로 제공하는 대중의 민의에 따른 의사결정(민주주의), 무의식 민주주의 알고리듬을 설계하는 소수 전문가에 의한 의사결정(과학 전제주의·귀족 전제주의) 그리고 정보·데이터에 의한 의사결정(객관적 최적화)의 융합이 바로 무의식 민주주의이다.

/ 정치인 무용론 /

무의식 민주주의는 살아있는 인간 정치인을 불필요하게 만드는 구상이기도 하다. 필요 없어진 정치인은 오래된 약국 앞에 먼지를 뒤집어쓴 채 서 있는 마스코트 인형*과 같은 신세가 된다.

물론 지금은 아직 사람을 완전히 없애는 경지까지 이르지 못했다. 여차하면 "점장 불러!"라고 호통치면서 책임질 누군가를 요구하는 발상에서 벗어나지 못하고 있다.

자율주행이 대표적인 예다. 인간보다 안전하다는 점을 머리나 데이터로는 알지만, 여차하면 책임을 물을 수 있는 누군가가 운전석에 없는 상태로, 살아 있는 사람을 태우고 간다는 사실에 견딜 수 없이 불안해한다. 우리처럼 생각이 낡은 인류에게는 그런 버릇이 있다. '무의식 민주주의'가 가능해지더라도 여차하면 다시 원래의 '의식 민주주의'로 돌아와 마구 후려갈길 수 있는, 화풀이할 수 있는 샌드백이나 마스코트 역할을 해줄 정치인을 필요로 할 수 있다. 다만 앞으로 2~3세대가 지나면 그조차 필요 없게 될 것이다. 내기해도 좋지만 그때 대부분의 정치인은 바닷가에 쌓은 모래성처럼 사라진다.

좀 더 파보자. 현재 간접 대의 민주주의에서 정치인들의 역할은

---

* 약국 앞에 마스코트 인형이 서 있는 경우가 많다. 한국 상점 앞의 풍선 인형과 비슷.

크게 두 가지다.

⑴ 정책적 방향을 결정하고 행정기구를 통해 이를 실행하는 조정자·실행자로서의 정치인
⑵ 정치·입법의 '얼굴'이 되어 사람들의 열광과 비난을 받아내여론의 불만을 없애는 아이돌·마스코트·샌드백으로서의 정치인

필자는 '조정자·실행자인 정치인'은 소프트웨어나 알고리듬으로 대체되어 자동화되리라 생각한다. 그리고 아이돌·마스코트·샌드백으로서의 정치인은 고양이, 바퀴벌레, 버추얼(Virtual) 유튜버나 버추얼 인플루언서와 같은 가상 인간으로 대체될 것이다.

┃정치인은 고양이와 바퀴벌레가 될 것

고양이로 치환하는 건 '캐릭터' 문제와 관련이 있다. 너무 복잡한 현대 사회에서는 정치인들이 경제, 의료, 군사 등 모든 문제를 정확하게 이해하고 적절한 판단을 내리고 있다는 말이 허울 좋게 들린다. 어렴풋이 눈치채고 있겠지만, 사람들은 중요한 이슈에 관해 그럴듯한 소리를 지껄이는 TV 정치 토론에 권태감을 느끼고 있다. 사람들은 정작 정치인의 역할이, 많은 과제에 합리적인 판단을 내리는 게 아니라, '좋은 느낌의 캐릭터'를 제공하고 있을 뿐이라

는 사실을 이미 마음속으로 잘 알고 있다. 정치인을 볼 때 사람들은 그릇이 큰 사람이라는 느낌, 만화와 애니메이션 캐릭터를 닮아 한바탕 웃음을 짓게 한다는 느낌, 미남이나 귀여운 사람 혹은 잘생긴 목소리의 주인공이라는 느낌을 중시한다.

씹으면 씹을수록 맛이 나는 캐릭터가 필요할 뿐이라면 왜 굳이 인간이어야 하는가? 예를 들어 고양이에게 피선거권을 준다면, 캐릭터라는 측면에서 이를 이길 수 있는 인간 정치인은 과연 몇 명이나될까? 아이돌 역할을 하는 정치인이라면 고양이로 대체해도 충분하다. 희생양으로 뭇매를 맞는 정치인을 대체할 존재도 따로 마련하면된다. 바퀴벌레 같은 존재를 쓰는 게 나을 수 있다.

우리 사회는 점점 "인간을 특정한 속성으로 구별하지 말라"는 쪽으로 생각이 바뀌고 있다. 즉, "남녀로 구분하지 말라", "나이로 구분하지 말라", "인류는 모두 같다"라고 생각하자는 쪽으로 나아가고있다. 이런 흐름이 앞으로 계속되면 인간과 그 외 동물이나 생명도구별 말라는 쪽으로 갈 것이다.

채식주의자 친구들과 이야기하면 식용으로 쓰이기 위해 해체되는닭이나 고등어가 느낄 아픔에 절절한 공감을 표현하는 경우가 있다. 바로 그런 느낌이랄까?

수백, 수천 년에 걸쳐 상냥함을 강조하고 비폭력적으로 변해 온인류사[11]를 생각하면 채식주의자 특유의 상냥함이 점차 모든 인류로 확산할 것이다. 그러면 고양이와 인간의 구별이나 인간과 바퀴벌레의 구별은 희미해지고 중요하지 않게 된다. 좋아할 만한 캐릭터는 고양이, 싫어할 만한 캐릭터는 바퀴벌레 혹은 다른 무언가로 대체하면 어떨까? 진심이다.

고양이가 정치인이 되는 세상은 생각보다 빨리 올 수 있다. 사실 진짜 고양이가 이미 미국 대통령 선거에 출마한 적이 있다.[12] 1988년 수컷 고양이 모리스는 대통령 선거에 실제로 출마했다. 당시 고양이 사료 광고의 톱 모델이었던 모리스는 TV나 잡지에 자주 출연하면서 인지도가 정치인보다 훨씬 높았다.

'후보가 되려면 인간이어야 한다'는 제약은 대선 규칙에 없었다. 이 허점을 노려 모리스가 후보로 나섰다. 출마 기자 회견에서 모리스의 대변인은 이렇게 말했다.

> "모리스는 30대 대통령인 캘빈 쿨리지의 차분한 태도, 35대 대통령 존 F. 케네디의 동물적 매력 그리고 16대 대통령 에이브러햄 링컨의 정직함을 겸비한 후보자다."

명연설이다. 하지만 아쉽게도 조지 H.W. 부시(아버지 부시)에게 패했다. 그럼에도 모리스는 폭발적인 주목을 받으며 광고 모델이던 캣푸드의 매출을 폭증하게 만들었다. 이 정도로 정치와 결탁한 상인이 예전에도 있었을까?

미국에선 실제로 고양이 시장이 탄생하기도 했다. 미국 알래스카주 탈키트나 시(市)다. 출마한 후보자들이 마음에 들지 않았던 주민들이 멋대로 고양이 시장 후보 스텁스를 내세워 투표용지에 고양이 이름을 기재하는 운동을 펼쳤다. 그리고 뚜껑을 열어보니 스텁스가 다른 후보들을 꺾었다*는 일화가 있다.[13]

고양이만의 특권은 아니었다. 1968년 미국 대통령 선거에는 돼지가, 1988년 브라질 리우데자네이루 시장 선거에는 침팬지가, 1997년 아일랜드 대통령 선거에는 칠면조 캐릭터가 후보로 나서서 많은 표를 얻었다.[14] 동물이 인간에게서 정치인이라는 직업을 빼앗기까지 얼마 남지 않았다.

이런 말을 하면 "고양이나 바퀴벌레는 말을 못 한다"라고 지적하는 사람들이 꼭 있다. 하지만 수백 년 전 유럽인들은 자기네 언어가 통하지 않는 식민지 사람들을 커뮤니케이션 상대나 ㈜선거권의 주체라고 생각했을까?

고양이나 바퀴벌레도 마찬가지다. 언어를 통해 바퀴벌레나 고양이와 소통할 필요는 없다. 요즘 사회에서도 사람들끼리 언어로 토론하고 이해하는 것보다 고양이와 인간이 포용하고 공감하는 게 훨씬 잘 통하고 납득하기 좋은 경우가 많다.

유튜브 등에서 넘쳐나는 '고양이 콘텐츠'만 봐도 그렇다. 인간 외의 종(種)이 쓰는 다양한 표정, 음파, 화학물질과 인간의 커뮤니케이션 수단 사이에 일종의 '번역'이 가능하리란 생각도 든다. 마침 이미지 생성 AI가 인지를 초월해 독자적인 커뮤니케이션 언어를 획득했

---

* 스텁스는 실제로 '명예 시장'에 취임했다. 그리고 2017년 20세를 일기로 세상을 떠났다.

다고 보고된 마당이니 말이다[15]. 고양이나 바퀴벌레를 사랑하고 미워하며, 이들과 소통했다는 기분을 느끼며 책임까지 묻는 그런 시대가 올 지도 모른다.

군이 고양이나 바퀴벌레가 아니어도 된다. 보다 현실적으로는 버추얼 유튜버나 버추얼 인플루언서와 같은 디지털 가상 인간이 그런 존재가 될 수도 있다. 버추얼 유튜버가 인간 정치인 대신에 비방과 중상을 떠안는다.

가상 인간은 우울해할 일도 없고, 정치인에게 욕하는 우리의 속도 시원해진다. 이런 서비스가 있으면 인간도 가상인간도 '윈윈'이다. 그리고 나중에는 버추얼 유튜버나 가상 인간의 '인권'까지 진지하게 논의하는 시대도 올 것이다.

| 민도의 극복 혹은 정치인도 유권자도 동물이 된다

인간과 비인간의 융합, 의식과 무의식의 결합은 민도의 변화도 재촉한다. "민도가 낮다"는 말은 민주 사회에 대한 조소를 보여주는 결정적인 대사다. 예를 들어 제3장 '도주'에서 소개한 반민주주의 운동이나 그 이데올로기는 전형적인 '민도 운동'이다.

민도가 높은 이들을 위한 이상향을 만들자는 운동이기 때문이다. 그러나 민도를 높이거나 새로운 민도를 생각하는 것이 아니라, 민도라는 개념 자체를 없애면 어떨까? 우리의 의식이나 판단에 의존하고 있는 한, 민도(의식, 정보, 사고, 판단의 질)라는 개념에서 벗어날 수 없다.

여기에서 벗어나기 위해, 일단 인류를 그저 '생체반응 덩어리'로 환원한다. 즉, 우리 사회를 한 수 아래라고 여기는 동물 세계로 환원하는 것이다. 그리고 의식이나 판단은 알고리듬에 맡긴다.

유권자나 정치인도 일단 동물처럼 되는, 민도가 너무 낮지도 높지도 않은 상태로 만드는 운동이 무의식 데이터 민주주의라 할 수 있다. 무의식 데이터 민주주의에서는 민도 자체가 필요하지 않으며, 모든 사람에게 열린 또 하나의 의사결정 구조를 모색하기만 하면 된다.

| 정치인은 코드가 된다

이렇게 책임을 지는 주체로서의 정치인은 조금씩 그 역할을 잃어 마침내 '고양이'가 된다. 이제 남은 일은 실무자로서 정치인의 역할이다. 다시 떠올려 보자. 기업의 중간 관리직이나 사무직의 역할은 업무지원 SaaS(Software as a service) 프로그램으로 인해 점점 줄어들고 있다. 개인 투자나 건강·쇼핑 등은 애플리케이션이 처리한다. 정치라고 예외일 이유가 없다. '정치인 SaaS'와 같은 소프트웨어가 충분히 생길 수 있다. 그런 '새싹'의 예를 이미 몇 가지 살펴보았다.

실제로 권력 확대를 위해서라면 수단과 방법을 가리지 않고, 여론의 방향에 연중무휴로 신경 쓰는 정치인이라는 생물은, 일관된 신념과 열정을 갖고 후회와 고민에 시달리며 생활하는 인간보다도, 필요하면 언제나 시원하게 소프트웨어를 업데이트하는 테슬라 자동차에 더 가깝다.

"그가 시원하게 자기 신념의 깃발을 뒤집어 휙휙 다른 깃발을 치켜드는 것은 때로는 하루, 때로는 한 시간, 때로는 1분이면 족하다. 그 사람은 이상에 목숨을 바치는 것이 아니라 시대와 보조를 맞춘다. 시대 변화가 빠를수록 그만큼 속도를 내서 시대를 쫓아간다." 슈테판 츠바이크, 『조제프 푸셰, 어느 정치적 인간의 초상』[16]

그렇다면 인간이 무리해서 비방중상에 노출돼 몸과 마음이 산산조각 나면서 정치인이라는 역할을 수행하느니, 무의식 민주주의라는 소프트웨어의 업데이트에 임무를 맡기는 게 편하지 않을까? 소프트웨어 알고리듬에는 질투, 집착, 당혹감이 없고, 쓸데없이 마음이 닳을 필요도 없다. 1분마다 갱신되는 민의 데이터에 따라 슈테판 츠바이크의 표현처럼 자기 신념의 깃발을 펄럭이거나 다른 깃발을 휙 들어 올리면 될 뿐이다.

끊임없이 소프트웨어가 업데이트되는 무의식 민주주의에서, 정치인이나 관료의 역할은 알고리듬 추천대로 움직이다가 여차하면 거부권을 행사하는 정도로 충분하다.

생뚱맞은 얘기가 아니다. 고빈도 거래 알고리듬에 맡겨두다가 플래시 크래시*(flash crash)가 일어나면 급히 개입을 시작하는 주식 트레이더, 다이어트 애플리케이션이 추천하는 대로 당질과 지질 제한을 하지만 때때로 심야에 아이스크림을 덥석 먹어 버리는 지금의 우리와 같은 그런 존재의 연장선상에서 생각하면 된다.

이런 이야기를 하면 자주 나오는 질문은 "고양이나 알고리듬이 과연 책임을 질 수 있는가"이다. 그러나 애초에 '인간 정치인'은 책임을 지고 있나?

지금 자민당 집행부에는 80대 후반의 고령자들이 몰려 있다. 이들이 사회 보장과 의료, 연금, 교육 제도나 정책을 만든다. 수십 년 후의 세상에 영향을 미치는 정책에 80대 정치인들은 도대체 어떤 책임을 질까? 정책의 결과가 나올 무렵, 이들은 이미 이 세상에 없을 터인데 말이다.

인간 정치인이 책임을 진다고 맹신하는 일은 죽은 사람에게 책임을 추궁한다는 일과 같다. 말이 통하지 않고 아무 말도 없는 자가 어떤 반성과 변명을 할까? 살아있는 고양이나 불면불휴의 알고리듬보다 정치인이 더 책임감 있다고 믿는 이유는 무엇일까?

---

* 예상치 못한 가격 급락 현상.

이렇게 선거는 알고리듬이 되고, 정치인은 고양이가 대체하게 된다. 데이터를 통해 국민의 무의식 속에서 꿈틀거리는 일반의사에 접근하는, 고양이의 가면을 쓴 알고리듬. 알고리듬이 무의식민주주의의 신탁을 받는 '샤먼(무당)'이 된다.

이게 과연 민주주의인가? 의아해하는 사람도 있을 수 있다. 지금우리가 민주주의라고 듣고 떠올리는 제도와는 확실히 다르다. 그러나 '민주주의'라는 이념이나 사상의 구체화된 형태는 이제까지의 역사를 통해 크게 변해 왔다. "오늘날 민주주의 개념은 기원전 5세기에 고안된 개념과 거의 유사한 점이 없다"는 사실이다.[17]

오랜 역사를 돌이켜보면 인류는 민주주의의 다양한 형태를 계속실험해 왔다. 예를 들어 근현대 대의 민주주의의 골격을 만드는 데중요한 역할을 한 것은 11~12세기 유럽 일부(특히 북중부 이탈리아)에서 발달한 도시 공화국이었다.[18] 그냥 도시도 나라도 아니고 도시국가라는 점이 중요하다. 단순한 자치단체를 넘어 대외적으로 주권을가진 나라라고 부를 정도의 힘을 갖기 위해 정치제도의 발달이 필요했던 것이다. 동시에 도시가 비교적 작은 규모였기 때문에 다양한구조를 실험할 수 있었다.

좋은 예가 이탈리아 피렌체다. 13세기 중반에는 여러 길드에서 자신들의 대표를 집행부*에 파견했는데 이것이 제도화했다. 14세기에 접어들면서 이런 구조가 복잡한 선거제도로 대체됐다. 선거를 통한 대의 민주주의의 싹이 튼 셈이다. 이러한 도시국가의 시행착오가 대의 민주주의의 발견으로 이어졌다.

그로부터 700년이 지나 민주주의 실험이 다시 흥행하고 있다. 무의식 민주주의 같은 사고(思考) 실험이나 사회 실험은 민주주의 실험의 '조상'이 귀환한 셈이다.

블록체인 기술에 힘입어 웹3.0이 발달하면서 선거와 합의를 위한 프로토콜이나 통화와 증권의 디자인 등 새로운 정치나 경제 제도를 시험하는 온라인 커뮤니티가 늘고 있다.[19] 기존 지방자치단체 중에는 자체적인 정치 의사결정 시스템이나 지역화폐 시스템을 도입하는 것을 도와주는 소프트웨어를 개발하려는 10대 청소년들의 실험이 이뤄지고 있다. 특히 일본 세토 내해의 섬에서는 새로운 정치 실험이 시작되었고,[20] 일본의 한 지역에는 멋대로 '새 정부 수립'을 선언한 아티스트도 있다.[21] 이런 독립적인 공동체가 무의식 민주주의의 기초 재료가 된다.

무의식 민주주의에서는 더 이상 무언가를 의식적으로 결정하지 않는다. 하지만 그렇다고 무의식 데이터 민주주의가 반(反)민주주의는 아니다. 민주주의의 자멸에 환호하고 돌을 던지는 독재적 강자의

---

* 당시 주로 법에 정통한 인사들이 맡았던 '상임 집행부'로 '집정 정부'라고도 불렀다.

의식적인 의사가 아니다. 돌을 하나하나 쌓아 민주주의에 새로운 길을 닦으려는 민중의 무의식적인 의사다.

약 100년 전에도 민주주의는 위기에 처했다. 나치의 대두로 독일에서 피신할 수밖에 없었던 정치학자이자 헌법학자인 한스 켈젠은 다 죽어가는 민주주의에 대해 1932년 이렇게 말했다.

> "민주주의자들은 이 불길한 모순에 몸을 맡기고 민주주의 구제를 위한 독재를 요구해서는 안 된다. 배가 침몰하더라도 오히려 배의 깃발에 충성해야 한다. '자유의 이념은 파괴 불가능하다. 설사 침몰하더라도 더욱 강한 열정으로 되살아난다'는 희망을 가슴에 품고 해저로 깊이 들어간다."(한스 켈젠, 『민주주의의 옹호』 중에서)[22]

민주주의의 재생을 위한 민주주의의 침몰, 그것이 무의식 데이터 민주주의다.[23]

/ 끝으로 : 이상함을 평범함으로 /

"왜 민주주의에 대해 생각하세요?"라고 한 기자가 물었다. 질문에 대한 솔직한 답변은 유감스럽게도 "다른 기자가 물어봐서요"였다. 그런데 생각해 보니 더 능동적이고 단순 명쾌한 이유가 있었다. 선거나 민주주의의 상황이 비정상적으로 보였기 때문이다.

원래 필자의 전공 분야는 민주주의, 선거, 정치와 관계없다. 데이터나 소프트웨어 알고리듬 등의 디지털 기술, 사회제도·정책의 공진화*가 나의 연구 분야다. 의사결정과 자원 배분에 사용되는 알고리듬을 이용해 데이터 기반의 학술 논문을 쓰거나 소프트웨어를 제작하고, 관련 데이터를 일반에 공개하는 게 나의 일이다.

필자는 새로운 기술을 실용화해서 수십 개의 기업, 지자체, 비영리단체와 프로젝트도 추진해 왔다. 예를 들면 필자는 일본 도다시·아키시마시, 미국 뉴욕, 시카고 그리고 남아프리카 최대 의료 비영리기구(NGO)인 프래켈트(praekelt)재단 등과 함께 데이터 기반의 교육·의료 정책에 관여했다.

사회 기업가가 세운 새로운 교육과정의 학교가 옛날 공립학교보다 정말로 교육 효과가 높은 지를 분석하거나, 경제적으로 어려운

---

* 서로 밀접한 관계를 갖는 둘 이상이 상대의 진화에 상호 영향을 주며 진화하는 것.

임산부를 위한 의료정보 제공 애플리케이션을 제작하는 일도 했다.

이밖에 광고 회사인 사이버에이전트, 소비자 맞춤형 패션기업 조조(ZOZO), 메루카리*, 소니, 야후 재팬 등과 협업해 패션, 광고 등 추천 알고리듬을 개발했다. 알고리듬은 과거에 웹과 게임 산업 등 일부 분야에서만 사용됐다. 하지만 이 기술이 공공정책 영역에도 유입되기 시작했다. 그 결과 교육과 의료 등을 시작으로 공공 정책의 알고리듬화에 관심을 갖게 됐다.

과거를 되돌아보면 문득 의문이 든다. 우리가 매일 사용하는 상품과 서비스 분야에서는 20~30년 전부터 딴 세상이 펼쳐졌다. 1990년대 필자가 젊었을 때는 삐삐라고 불리는 호출기로 가족이나 친구와 텍스트 한 줄씩을 주고받는 일이 고작이었다.

지금은 동영상이나 무수한 협업 툴을 이용해 일본 벳부 온천에서도 지구 반대편 미국 동부에 있는 대학과 일한다. 정보·커뮤니케이션·데이터 기술이 만들어낸 변화가 사람의 손으로 만든 천변지이**라는 점에 이의를 제기할 사람은 없을 것이다. 굉장한 일이다.

다만 우리가 반성해야 할 점도 있다. 이러한 기술 발전을 공공 영역, 특히 민주주의나 선거에 반영해 나가는 데 인류는 놀라울 만큼 실패를 거듭했다. 투표나 선거 방식은 수십 년가 거의 변하지 않았다. 많은 나라에서는 왜인지 인터넷 투표조차 여전히 '논의 중'인 상

---

* 중고물품 사이트로 한국의 당근마켓과 비슷.

** 天變地異, 하늘과 땅에서 일어나는 자연계의 여러 가지 변동과 이변.

황으로, 정당이 경선에서 인터넷 투표를 도입하려고 하면 '최첨단 시도'라고 보도된다.[1] 뭔가 이상하다. 예스러운 쇼와(1926~1989년) 느낌이 여전히 위세를 떨치는 현재의 선거나 정치 구조는 비정상이고 병적이다.

국가의 정치와 선거제도에 이렇다 할 경쟁도 압박도 없다. 그러니 정체 상태가 당연한지도 모르겠다. 하지만 우리는 "생겨난 모든 것은 소멸하기 마련"이라는 괴테의 『파우스트』에 나오는 악마 메피스토펠레스의 말을 떠올려야 한다.

그렇다면 무엇이 망해야 하고, 그 대신 무엇을 만들어야 할까? 현재의 선거와 민주주의가 고장나게 된 구조를 살피고 선거제도를 바꿀 수 없을지 안에서부터 투쟁해 보자. 독립도시·독립국가로 도주해서 새로운 정치제도를 처음부터 만들거나, 무의식 데이터 민주주의를 구상해보자.

이 책에서 다룬 과제나 아이디어의 대부분은 과거에도 있었다. 아이디어는 수백 년, 수천 년 전부터 계속 다양한 형태로 변주되고 실험됐다. 민주주의에 관한 논의는 수천 년 동안 같은 장소를 맴돌고 있다.

다만 같은 문제라도 이를 둘러싼 맥락이나 환경이 변화하면서 같은 문제가 다른 모습으로 보이기 시작했다. 수십 년 전만 해도 문제를 해결할 구체적인 방법이나, 기술적으로 실현 가능한 대안이 없었다. 100년 전이었다면 어쩔 수 없었을 것이다.

하지만 지금은 의사결정을 위해 사용할 수 있는 정보 데이터의 양이나 계산 처리 능력이 크게 향상됐다. 데이터를 사용해 의사결정을 하는 알고리듬을 지지하는 아이디어나 사상 또는 이론도 나왔다. 이를 연결해 민주주의 업데이트를 위한 '서바이벌 매뉴얼'을 만들고자 한 것이 이 책이다.

사회적 비전이나 소위 '그랜드 디자인(Grand design, 원대한 구상)'이라고 하면 정치인과 경영자들이 나와 대학생 리포트에 나올 법한 이야기를 하는 게 일반적이다. 하지만 그런 이야기를 들어봤자 도무지 감이 잡히지 않는다.

이런 말보다는 차라리 만화나 애니메이션이 훨씬 더 낫다. 구체적인 것을 선호하고 삶의 호흡이 긴 사람들에게 이런 애니메이션 작품들이 생활의 비전을 제시하고 있다.

그런데 사실 그런 작품을 만든 사람은 평범한 시민이다. 선거도 민주주의도 마찬가지면 좋겠다. 아무리 작은 것이라도 좋으니 우리 각자가 민주주의와 선거의 '그랜드 디자인'을 다시 생각해 보는 일이 중요하다.

그렇다고는 해도 이 책이 그저 '비전'에 불과하다는 이야기가 나올 수도 있다. "수다만 떨고 있네", "구체적인 대처 방안이나 실천 방안을 좀 제시해봐라"는 말도 나올 수 있다. 하지만 그렇게 '21세기적인' 말은 하지 않았으면 한다.

역사를 돌이켜봐도 루소의 『사회계약론』부터 마르크스의 『자본론』까지 가장 영향력 있는 개념과 사상은 동시대에 실천하기 힘든 내용이었다. 그들도 당시에는 자기 방이나 도서관에서 울적하게 망언을 늘어놓는, 무력하고 말뿐인 공상가로 여겨졌다.

이 책은 그런 '나쁜 전통'을 따라가고 싶다. 말뿐인 공상가인 내가 실천가들에게 조롱당할 만큼, 현실이 이상을 추월하면 좋겠다고 기대한다.

빈사 상태의 민주주의를 몰아붙일 흑선*을 스스로 만들어낼 수 있느냐가 관건이다. 독자들이 "허점이 많다"며 파고들 만한 부분이 가득한 이 책의 시도가, 그런 흑선 안의 화장실을 이루는 작은 부품이라도 되기를 바란다.

> "짐작조차 할 수 없을 만큼 혁명의 목적이 크기 때문에, 혁명은 몇 번이고 후퇴를 반복한다.
>
> 후퇴하지 않게 되는 것은, 도저히 물릴 수 없는 막다른 상황이 됐을 때다.
>
> 그렇게 되면 그런 상황이 이렇게 호소하게 된다.
>
> 여기가 로도스섬이다.
>
> 여기서 뛰어라!

---

* 구로후네(黒船). 1853년 일본 앞바다에 나타난 페리 제독이 이끈 미국의 해군 함대를 가리킨다. 일본에서 일반적으로 갑자기 나타나 엄청난 충격을 주는 외부 존재를 가리킬 때 비유적으로 쓰인다.

여기에 장미가 있다.

여기서 춤춰라!"

(칼 마르크스, 『루이 보나파르트의 브뤼메르 18일』*)"2

참의원 선거라는 시대에 뒤떨어진 인간들의 축제 소동이 거리에서 펼쳐지는 거리에서

나리타 유스케

---

* 프랑스의 루이 나폴레옹 보나파르트(나폴레옹 3세)가 1851년 쿠데타를 일으켜 독재 권력을 손에 넣는 과정을 다룬 마르크스의 저서. '역사는 한 번은 희극으로, 또 한 번은 비극으로 반복된다'는 문구가 유명하다. 저자가 인용한 원문의 문구는 이솝우화에 나오는 이야기에 토대를 둔다. 고대 그리스에 허풍스러운 5종 경기 선수가 있었는데, 해외여행에서 돌아온 그가 "로도스섬에 갔더니 올림픽 선수 뺨치는 성적이 나오더라"라고 말했다. 이에 듣고 있던 사람이 말했다. "여기가 로도스다, 여기서 뛰어라!"

끝으로

"민주주의와 자본주의의 장점을 합친 새로운 주의를 만든다."

『22세기 민주주의』는 실패작이다. 실패작이라는 말이 너무 지나친 표현이라면, 진짜 어려운 문제는 본체만체하며 눈앞의 간단한 연습 문제에만 집중한 '도피' 정도로 해두자. 그렇다면 필자가 회피한 진정한 어려운 문제는 무엇일까? 그것은 자본주의 그리고 ○□주의(-ism)의 문제다.

이 책의 서두에 정리한 대로, 한국과 일본을 포함한 오늘날의 소위 선진국들은 민주주의적인 정치와 자본주의적인 경제의 '2인3각'이라는 위험한 균형 위에 성립했다. 이 책은 그 중에서도 민주주의의 미래 모습을 그렸다. 아니, 예측해 봤다. 좀처럼 변하지 못하고 '경련'하는 민주주의에 비해, 이익을 위해 끊임없이 변화해 온 자본주의는 예전보다 가속·팽창·변모하고 있는 것처럼 보인다.

탄생한 지 15년도 되지 않은 가상화폐의 시가총액이 100조 엔(약 1,000조 원)을 넘는다. 생겨난 지 20년도 안 된 회사가 100조 엔이 넘는 시가총액을 기록한다. 매출이 거의 없는 적자 기업이 주식시장에 상장돼 시가총액이 1조 엔(약 10조 원)을 돌파한다. 이런 규모나 속도의 폭발만 있는 건 아니다. 가상 자산(암호 자산)과 스마트 계약(smart contract)*의 발흥은 중요한 질적 변화를 만들어 내고 있다. 화폐나 결제, 주식이나 자본 등의 '규칙'을 제로(0)에서부터 설계하고 새롭게 시작할 수 있는 가능성에 우리가 눈뜬 것이다.

예를 들어 이산화탄소 배출량 감소와 같은 사회 목표와 연결해 화폐를 발행할 수 있다. 아마존의 삼림 보호 활동을 할 수 있는 가상 통화 VEN**이 그런 예다. 또한 소득이나 자산에 상·하한선을 설정할 수도 있다. 기본 소득의 민간 구현을 목표로 하는 월드코인(Worldcoin)*** 등에서 이런 가능성이 엿보인다.

화폐를 재설계한다는 건 큰 의미가 있다. 공공의 목표나 자산 재분배처럼 정치·국가의 '전매특허'처럼 여겨진 화폐의 경제 제도를 새롭게 디자인할 수 있다는 가능성을 시사하기 때문이다. 결국 경제가 정치를 대체하고, 시장이 국가를 대체할 가능성이 싹트고 있다는 뜻이다. 이런 사회에서 시장 vs 국가, 정치 vs 경제와 같은 20세기적

---

* 블록체인을 이용한 스마트 계약은 계약 이행 및 검증 과정을 자동화했다. 계약실행 조건을 확인하는 사람의 간섭과 추가 비용 없이 직접 처리하게 만든 것이다. 복잡한 사업 계약을 적은 비용과 합의에 따른 신뢰를 통해 안전하게 계약을 실행할 수 있는 방식이다.

** VEN(Vechain)은 탄소 관리는 물론 농업, 의료, 에너지, 패션, 와인 등 다양한 분야에 적용된다.

*** 챗GPT의 아버지 샘 알트만 오픈AI 최고경영자의 프로젝트. AI 도입으로 일자리를 잃은 이들에게 월드코인으로 보편적 기본 소득을 주겠다는 포부다. 월드코인은 지리적 제한 없이 거래와 국제 송금, 무역 등이 가능하다. 환율 변동에 영향 받지 않고 송금 수수료도 들지 않는다. 다만, 일각에서는 구체적인 재원 마련 방법 등이 나타나지 않아 우려를 표하기도 한다.

인 갈등은 '가짜 문제'가 된다. '민주주의와 자본주의의 2인 3각'이라는 문제도 마찬가지다.

그렇게 되면 정말 필요한 건 고장난 민주주의를 수리하는 일이 아니다. 폭주하는 자본주의를 어떻게 통제하는지도 아니다. '민주주의'도 '자본주의'도 아닌 단일한 제도를 통해, 경제(성장)와 정치(분배)의 기능을 실행하는 새로운 '○□주의'를 설계하고 운영하는 것이 진짜 해야 할 일이다.

이 책『22세기 민주주의』는 이를 위한 시작이다. 2024년에는『22세기 자본주의』를 일본에서 출판할 예정이다.『22세기 자본주의』역시 한국어로 번역되는 것 그리고 언젠가 진정한 문제에 직접 도전하는『22세기 ○□주의』를 한국 독자에게 소개할 수 있는 날을 기대한다. 그날을 상상하면서, 편집을 맡아주신 사이토 마유(齋藤舞夕)님, 다네 유키에(多根由希絵)님 그리고 한국어판을 내주신 틔움출판과 한국어 번역을 해주신 서유진, 이상현 역자 두 분께 감사드린다.

"22세기, 우리 다음 세대에게 남겨줄 민주주의의 미래"

"지금 당장 시작하지 않으면 너무 늦을지도 모른다.
하지만 희망은 있다."

(에리히 프롬, 『희망의 혁명』 중에서)

민주주의는 21세기 대한민국을 살아가는 우리에게 너무나 익숙해 마치 공기와도 같다. 우리는 민주주의의 소중함을 쉽게 잊고, 때로는 민주주의가 가진 문제를 외면하기도 한다. 쉽게 정치를 비판하면서도, 우리는 정작 정치의 토대가 되는 민주주의 제도 자체를 돌아보는 일에는 무심하다. 민주주의가 위기에 처했는데도, 이를 비판한다는 것 자체가 우리 사회의 금기였다는 생각도 든다.

저자 나리타 유스케는 이 책을 통해 우리가 당연하게 생각해 온 많은 것에 균열을 내고, 신선한 충격을 준다. 이 책은 현재 민주주의가 중병을 앓고 있다고 진단하며 이를 개혁하기 위한 다양한 대안을 제시한다. 저자는 대안의 한계점을 명확히 짚는 동시에, 독자에게 진정한 '혁명'에 관해 이야기를 한다. 혁명의 한가운데는 알고리즘을 비롯한 정보통신(IT) 기술이 자리하고 있다. 저자는 민주주의를 구하기 위해 사람들 마음속에 깃든 '민의(民意)'를 데이터화해 '알고리즘'으로 작동하는 민주주의의 재료로 삼아야 한다고 주장한다.

대안 제시에 있어 저자의 상상력에는 한계가 없다. 그러다 보니 일부 내용은 실현 가능성이 희박하거나, 과격하다는 느낌도 든다. 정치 행위와 가치판단을 오롯이 인공지능(AI) 알고리듬에 맡긴다는 발상은 공상과학(SF) 소설의 설정 같기도 하지만, 저자의 이야기를 따라가다 보면 머지않은 미래에 일어날 수 있겠다는 생각도 자연스럽게 든다. 아니, 그런 변화는 어쩌면 필연일지도 모를 일이다. 지금 우리 눈에 낯설어 보이는 생각일수록, 무궁무진한 변화를 품은 씨앗이라 그렇게 보이는 거라 낙관해 본다.

이 책이 변화 없는 기성 정치에 지치신 분들께 시원한 물 한 잔 마시는 듯한 상쾌함을 안겨줄 수 있기를 바란다. 우리가 변화를 꿈꾸고 기술을 선용(善用)해 민주주의를 구하려고 애쓰는 한, 민주주의와 정치에 희망은 사라지지 않는다. 저자가 구상한 최첨단 알고리듬이 필요로 하는 것이 사실은 지극히 인간적인 경험인 것처럼, 결국 모든 제도의 중심에는 인간이 있어서다. 22세기의 민주주의가 합리적이고 효율적이면서도 다정하고 따뜻한 모습이기를 기원한다. 독자 여러분이 그리는 민주주의에 관한 생각을 우리와 공유하는 날을 기다린다.

책을 번역하면서 많은 조언과 피드백을 준 틔움출판 장인형 대표께 감사드린다. 언제나 큰 사랑과 도움을 주는 가족, 늘 힘이 되는 동료, 선후배와 친구들이 없었다면 번역 작업은 훨씬 고되었을 것이다. 끝으로 밤에 깊이 잠들어 우리의 번역 작업 시간을 마련해준 아들 수영에게 고마움을 전한다.

서유진·이상현

〈시작하며(A~C)〉

---

* 1. 총무성 통계국 인구 추계(2022년 4월)

* 2. 총무성 「국회의원의 선거에 있어서의 연령별 투표 상황」

* 3. 2021년 중의원 선거 출구 조사에 따르면 세대별 자민당의 지지율은 NHK: 18•19세: 43%, 20대: 41%, 30대: 39%, 40•50대: 36%, 60대: 34%, 70대 이상: 38%. 아사히 신문: 10대: 42%, 20대: 40%, 30대: 37%, 40•50대: 35%, 60대: 33%, 70세 이상: 37%. 일본경제신문: 10대: 36.3%, 20대: 36.7%, 30대: 38.2%, 50대: 36.7%, 60대: 30.5%, 70세 이상: 31.6%

* 4. 실제로 2019년 참의원 선거에서는 젊은이의 투표율이 오르더라도 선거 결과에는 거의 변화가 없었다는 시뮬레이션 결과가 있었다. 徐東輝「もし若者の投票率が上がっていたら参院選はどう変わっていたのか」(選挙ドットコム, 2019年)

* 5. 소설 같은 이야기라고 한 것을 사과한다. 일본어 소설만 따져도 이노우에 히사시(井上ひさし)의 『吉里吉里人』, 무라카미 류(村上龍)의 『희망의 나라로 엑소더스(希望の国のエクソダス, 한국어 번역, 2011년)』, 시마다 마사히코(島田雅彦)의 『浮く女沈む男』 등 독립 국가를 다룬 소설이 있다.

* 6. 堺屋太一 『団塊の世代』(講談社, 1976年)

* 7. 여담이지만 일본에는 정치인을 그린 영화가 픽션도, 논픽션도 거의 없다. 그림같이 멋진 정치인이 없기 때문이라고 생각한다.

* 8. Snyder, T. On Tyranny: Twenty Lessons from the Twentieth Century. Crown, 2017 (『暴政 : 20 世紀の歴史に学ぶ20 のレッスン』慶應義塾大学出版会, 2017年)

〈제1장〉

---

* 1. Piketty, T. Capital in the Twenty-First Century. Harvard University Press, 2014(『21 世紀の資本』みすず書房, 2014年)

* 2. Scheidel, W. The Great Leveler: Violence and the History of Inequality from the Stone Age to the Twenty-First Century. Princeton University Press, 2018 (『暴力と不平等の人類史——戦争•革命•崩壊•疫病』東洋経済新報社, 2019年)

* 3. Canfora, L. La democrazia. Storia di un'ideologia. Laterza, 2008. (Democracy in Europe:

A History of an Ideology. Wiley-Blackwell, 2006) 橋場弦『民主主義の源流：古代アテネの実験』(講談社, 2016年)

＊4. 2021년 중의원 선거에서 65세 이상의 투표자가 전체 투표자에서 차지하는 비율은 약 42%로 추정된다. 총무성「국회의원의 선거에 있어서의 연령별 투표 현황」

＊5. 여담이지만 비효율과 불합리 투성이의 거대 조직이나 대기업도 '하나의 평범한 사람 지상주의적 완충재'일 것이다.

＊6. プラトン『国家〈上・下〉』(岩波文庫, 1979年)

＊7. Rousseau, J. Du Contrat Social. 1762 (『社會契約論』岩波文庫, 1954年)

＊8. Feldman, N. The Arab Winter: A Tragedy. Princeton University Press, 2020.

＊9. Sunstein, C. #republic: Divided Democracy in the Age of Social Media. Princeton University Press, 2017.

＊10. Levitsky, S., and D. Ziblatt. How Democracies Die. Crown, 2018(『民主主義の死に方』新潮社, 2018年) Runciman, D. How Democracy Ends. Hachette Audio, 2018 (『民主主義の壊れ方』白水社, 2020年) Applebaum, A. Twilight of Democracy: The Seductive Lure of Authoritarianism. Signal Books, 2020 (『権威主義の誘惑：民主政治の黄昏』白水社, 2021年)

＊11. Vanessa A. B., N. Alizada, M. Lundstedt, K. Morrison, N. Natsika, Y. Sato, H. Tai, and S. I. Lindberg. "Autocratization Changing Nature?" Democracy Report 2022. Varieties of Democracy (V-Dem) Institute (2022). Figure 4

＊12. 제1장「고장」의 데이터 분석은 아래 논문에 근거했다. Narita, Y. and A. Sudo. "Curse of Democracy: Evidence from the 21st Century." Cowles Foundation Discussion Papers 2281R (2021).

＊13. Varieties of Democracy Project (https://www.v-dem.net)

＊14. 다만 비민주국가의 GDP 통계는 과대 보고됐을 수 있다는 의혹이 있다는 점에도 주의를 기울일 필요가 있다. 최신 연구에는 Martinez, Luis Roberto. "How Much Should We Trust the Dictator's GDP Growth Estimates?" Journal of Political Economy (in press, 2022)

＊15. 홈페이지는 https://www.sbcr.jp/product/4815615604/ 참조

＊16. Fitzgerald, F. S. The Great Gatsby, 1925(『グレート・ギャツビー』新潮文庫, 1989年). 여담이지만 '위대한 개츠비'의 번역은 여러 버전이 있어 번역본마다 각양각색의 느낌을 준다.

원문:

one thing's sure and nothings' surer the rich get richer and the poor get children

이토록 자명한 사실은 없다. 부자는 더 부자가 되고 빈자는 더욱 빈자가 된다
－ 오가와 다카요시(小川高義) 역

무엇보다 명확한 것이 있다. 부자는 점점 더 부자가 되고 가난한 자는 점점 더 많은 아이를 가진다
－ 무라카미 하루키 역

이것은 틀림없다. 무엇보다 명확하다. 부자는 돈을 벌고 빈자는 아이를 갖는다
－ 노자키 다카시(野崎孝) 역

＊17. Fukuyama, F. The End of History and the Last Man. Free Press, 1992. (『歴史の終わり〈上〉：歴史の「終点」に立つ最後の人間』,『歴史の終わり〈下〉：「新しい歴史」は始まり』三笠書房, 2005年)

＊18. Fukuyama, F. The Origins of Political Order: From Prehuman Times to the French Revolution. Farra, Straus & Giroux, 2011 (『政治の起源〈上・下〉：人類以前からフランス革命まで』講談社, 2013年)

＊19. "The Virus Comes for Democracy." The New York Times, April 2, 2020.

＊20. BBC "Brazil Carnival: 'Bolsonaro' Dancer Turned into Crocodile." April 26, 2022.

＊21. 東島雅昌『民主主義の未来(中)「権威主義の優位」前提疑え』(日本経済新聞, 2021年8月19日) 安中進『民主主義は権威主義に劣るのか？コロナ禍における政治体制の実証分析』(「中央公論」9月号, 2021年, 74-81) 石井大智『中国の強権主義、本当に民主主義よりリスクに強い？』(日経ビジネス, 2021年12月15日)

＊22. "The Quest for Prosperity." The Economist, March 17, 2007.

＊23. 20세기까지 수백 년간의 경제성장에 민주주의가 미친 영향에 관한 연구를 정리한 것에는, Acemoglu, D., and J. A. Robinson. Why Nations Fail: The Origins of Power, Prosperity and Poverty. Profile Books, 2013 (『国家はなぜ衰退するのか〈上・下〉：権力・繁栄・貧困の起源』早川書房, 2013年) Colagrossi, M., D. Rossignoli, and M. A. Maggioni. "Does Democracy Cause Growth? A Meta-Analysis (of 2000 Regressions)." European Journal of Political Economy, 61 (2020): 101-824. Doucouliagos, H., and M. A. Ulubaşoğlu. "Democracy and Economic Growth: A Meta-Analysis." American

Journal of Political Science, 52, no.1 (2008): 61-83. Przeworski, A., M. E. Alvarez, J. A. Cheibub, and F. Limongi. Democracy and Development: Political Institutions and Well-Being in the World, 1950-1990. Cambridge University Press, 3, 2000. 등. 이들 연구의 일부는 히가시지마 마사키(東島雅昌)(2022)가 일본어로도 소개하고 있다. 東島雅昌「民主主義と権威主義、どちらの『社会経済パフォーマンス』が上なのか？ データ分析が示す驚きの結果」(「現代ビジネス」講談社, 2022年1月9日)

* 24. 20세기까지 유아사망률 등 공중위생 지표에 민주주의가 미친 영향에 관한 연구에는 다음과 같은 것이 있다. Besley, T., and M. Kudamatsu. "Health and Democracy." American Economic Review, 96, no.2 (2006): 313-318. Gerring, J., S. C. Thacker, and R. Alfaro. "Democracy and Human Development." Journal of Politics, 74, no.1 (2012): 1-17. 이들 연구의 일부도 주23의 히가시지마가 일본어로 소개하고 있다.

* 25. Autor, D. H., D. Dorn, and G. H. Hanson. "The China Shock: Learning from Labor-Market Adjustment to Large Changes in Trade." Annual Review of Economics, 8, (2016): 205-240.

* 26. Autor, D. H., D. Dorn, G. H. Hanson, and K. Majlesi. "Importing Political Polarization? The Electoral Consequences of Rising Trade Exposure." American Economic Review, 110, no.10 (2020): 3139-3183.

* 27. Lipscy, P. Y. "Democracy and Financial Crisis." International Organization, 72-4: 937-968.

* 28. 다만 일본은 민주 세계 중에서도 다소 이례적이라는 점에 주의를 기울일 필요가 있다. 구미나 남미 나라들의 정치적 양극화 현상은 일본에서는 발생하지 않고 있고, 인터넷이나 SNS에 기인한 양극화의 영향도 덜하다는 분석이 있다. 田中辰雄・浜屋敏『ネットは社会を分断しない』(KADOKAWA, 2019) 반면 논의를 활발하게 하는 '양극화'가 생겨나지 않는 점이 오히려 문제라는 시각도 있다. 三浦瑠麗『日本の分断』(文藝春秋, 2021年)

* 29. CNN "Trump's 35% Mexico tax would cost Ford billions and hurt Americans." September 15, 2016

* 30. Bill Gates "The Next Outbreak? We're Not Ready." TED

* 31. PBS "Obama Team Left Pandemic Playbook for Trump Administration, Officials Confirm" May 15, 2020

* 32. MIT Covid Apps (https://covidapps.mit.edu)

* 33. 기술조건이 규정하는 이동・커뮤니케이션 속도와 정치의 상호작용을 역사를 거슬러 보여준 철학자

폴 비릴리오. 그가 쓴 『속도와 정치(그린비, 2004)』에 등장하는 '시정학(時政學)'의 현재적 변주다. Virilio, P. Vitesse et Politique. Galilée, 1977(『速度と政治』平凡社, 2001年)

* 34. 日経テレ東大学「【ひろゆき & 成田悠輔】日本衰退…真の理由！自民党で日本は復活できるのか？【衝撃グラビア】| Re:Hack」(2021年12月26日)

* 35. アリストテレス『政治学』(岩波書店, 1961年)

* 36. 原田昌博『政治的暴力の共和国──ワイマル時代における街頭・酒場とナチズム』(名古屋大学出版会, 2021年)

* 37. Gancarz, M. The UNIX Philosophy. Digital Press, 1995 (『UNIXという考え方 ― その設計思想と哲学』オーム社, 2001年)

〈第2章〉

* 1. 開高健『過去と未来の国々―中国と東欧』(岩波新書, 1961年)

* 2. Bricker, D., and J. Ibbitson. Empty Planet: The Shock of Global Population Decline. Robinson, 2019 (『2050年世界人口大減少』文藝春秋, 2020年)

* 3. Rosling, H., O. Rosling, A. Rosling Rönnlund. Factfulness: Ten Reasons We're Wrong About the World – Why Things Are Better Than You Think. Flatiron Books, 2018 (『ファクトフルネス』日経 BP, 2019年)

* 4. Kamijo, Y., A. Komiya, N. Mifune, and T. Saijo. "Negotiating with the Future: Incorporating Imaginary Future Generations into Negotiations." Sustainability Science, 12, no.3 (2017): 409-420.

* 5. 이른바 '실버 민주주의'에 의해 정말 미래를 위한 정책적 투자가 방해받는 것일까? 이에 대한 만족할 만한 답변의 근거는 보이지 않는다. 이 역시도 정치학자나 경제학자가 다루어야 할 미해결 문제다. 교육투자나 환경보호 등 미래에 대한 투자와 고령화의 단순한 상관관계에 관한 데이터 분석은 다음의 논문에서 소개되고 있다. Georges, G. and L. Batté. "The Political Economy of Population Aging." Handbook of the Economics of Population Aging 1 (2016): 381-444.

* 6. 時事通信「『こども庁』は時期尚早 高市早苗氏インタビュー―自民総裁選」2021年9月19日

* 7. 日本経済新聞「麻生氏『私はさっさと死ねるように』終末医療で発言」2013年1月21日

* 8. Public Service Division "The Singapore Administrative Service."

* 9. Dal Bó, E., F. Finan, and M. A. Rossi. "Strengthening State Capabilities: The Role of Financial Incentives in the Call to Public Service." Quarterly Journal of Economics (2013)

* 10. 이런 인센티브와 거버넌스의 효과 또는 허점에 대해서는 방대한 실천과 연구가 누적되어 있다. Milgrom, P. and J. Roberts, Economics Organization & Management. and Prentice Hall, 1992 (『組織の経済学』NTT 出版, 1997年)

* 11. 다음의 책도 정치인에 대한 성과보수를 논하고 있다. Moyo, D. Edge of Chaos: Why Democracy Is Failing to Deliver Economic Growth-and How to Fix It. Basic Books, 2018.

* 12. Levy, R. "Social Media, News Consumption, and Polarization: Evidence from a Field Experiment." American Economic Review (2021)

* 13. 成田悠輔「出島社会のすすめ——連帯ブランディングより幸福な分断を」(遅いインターネット, 2021年2月1日)

* 14. 宇野常寛『遅いインターネット』(幻冬舎, 2020年) 鳥海不二夫, 山本龍彦「共同提言『健全な言論プラットフォームに向けて―デジタル•ダイエット宣言 ver.1.0』」(KGRI Working Papers No.2, 2022年)

* 15. 트위터(현재 X)의 '투고 표시 알고리듬'이 여러 나라에서 우파 정치가·미디어를 좌파보다 우대한다는 데이터 분석 결과가 있었다. Huszár, F., et al., "Algorithmic Amplification of Politics on Twitter." Proceedings of the National Academy of Science., 2022.

* 16. NHK「自民 比例候補73 歳未満 若手のため維持を 岸田氏」2020年6月15日

* 17. 이란의 피선거권, Iran Data Portal, "The Electoral Law For Parliamentary Elections." 2012 ブータンの被選挙権 National Assembly of Bhutan, "Election Act of the Kingdom of Bhutan, 2008."

캐나다의 임명 상한: Government of Canada, "1. Independent Advisory Board for Senate Appointments-Assessment Criteria." January 8, 2018.

소말리아의 임명 상한: 那須俊貴「諸外国の選挙権年齢及び被選挙権年齢」. レファレンス (2015), 65(12), 145-153.

브라질의 선거권: Superior Electoral Court, "Voting is compulsory for Brazilians aged 18 to 70." September 28, 2014.

바티칸 선거권: カトリック中央協議会「コンクラーベ (Conclave) とは？」

* 18. Eshima, S., and D. M. Smith. "Just a Number? Voter Evaluations of Age in

Candidate-Choice Experiments." Journal of Politics (in press), 2021.

＊19. 정치인이나 유권자 정년은 정말로 선거 결과나 정책 선택을 바꾸는 힘을 가질까? 이 질문에 만족할
     만큼 대답할 근거는 발견되지 않았다. 이 역시 정치학자나 경제학자가 다루어야 할 미해결 문제다.

＊20. 坂井豊貴「多数決を疑う」(岩波書店, 2015年)

＊21. Demeny, P. "Pronatalist Policies in Low-Fertility Countries: Patterns, Performance,
     and Prospects." Population and Development Review, 12 (1986): 335-358. 井堀利宏,
     土居丈朗「日本政治の経済分析」(木鐸社, 1998年)

＊22. "Hungarian Mothers May Get Extra Votes for Their Children in Elections." The
     Guardian, April 17, 2011

＊23. Narita, Y. "Hearing the Voice of the Future: Trump vs Clinton." RIETI Discussion
     Paper Series 19-E-025 (2019).

＊24. Založnik, M. "Here's What Would Have Happened If Brexit Vote Was Weighted by
     Age." The Conversation, July 4, 2016

＊25. 知るぽると金融広報中央委員会「家計の金融行動に関する世論調査」

＊26. 유동 민주주의 Blum, C. and C. I. Zuber. "Liquid Democracy: Potentials, Problems, and
     Perspectives." Journal of Political Philosophy (2016). 일본에서도 민주주의 DX 스타트업인
     Liquitous가 유동 민주주의의 실용화를 목표로 한다.
     제곱 투표: Posner, E. A., and E. G. Weyl. Radical Markets: Uprooting Capitalism and
     Democracy for a Just Society. Princeton University Press, 2018 (『ラディカル・マーケット:
     脱私有財産の世紀：公正な社会への資本主義と民主主義改革』東洋経済新報社, 2019年)
     분인 민주주의: 鈴木健『なめらかな社会とその敵』(勁草書房, 2013年)

＊27. Fujiwara, T. "Voting Technology, Political Responsiveness, and Infant Health:
     Evidence from Brazil." Econometrica, 83, no.2 (2015): 423-464.

＊28. Germann, M., and Serdült, U. "Internet Voting and Turnout: Evidence From
     Switzerland." Electoral Studies, 47, (2017): 1-12.

＊29. Goodman, N., and L. Stokes "Reducing the Cost of Voting: An Evaluation of Internet Voting's
     Effect on Turnout." British Journal of Political Science, 50, no.3 (2020): 1155-1167. Mellon, J. T.
     Peixoto, and F. M. Sjoberg. "Does Online Voting Change the Outcome? Evidence From a Multi-
     Mode Public Policy Referendum." Electoral Studies, 47(2017): 13-24.

＊30. Hannon, M. "Are Knowledgeable Voters Better Voters?" Politics, Philosophy & Economics
     (2022)

〈제3장〉

＊1. Zucman, G. The Hidden Wealth of Nations: The Scourge of Tax Havens. University of Chicago Press, 2016.

＊2. Thiel, P. "The Education of a Libertarian." Cato Unbound, April 2009.

＊3. Sibilia, S. L'incredibile storia dell'Isola delle Rose. Netflix, 2020 (『ローズ島共和国』)

＊4. Taylor-Lehman, D. Sealand: The True Story of the World's Most Stubborn Micronation and Its Eccentric Royal Family. Diversion Books. 2020

＊5. 千代田区「令和 3 年 1 月 31 日 執行千代田区長選挙」

＊6. Way, M., and C. Way. Wild Wild Country. Netflix, 2018.

＊7. Schumpeter, J. A. Capitalism, Socialism, and Democracy. Harper and Brothers, 1942. (『資本主義・社会主義・民主主義』東洋経済新報社, 1995年)

＊8. 山本圭『現代民主主義―指導者論から熟議、ポピュリズムまで』(中央公論新社, 2021年) Przeworski, A. "Minimalist Conception of Democracy: A Defense." In Democracy's Value, edited by Ian Shapiro and Casiano Hacker-Cordon. Cambridge University Press, 1999.

＊9. Dahl, R. A. Who Governs?: Democracy and Power in an American City. Yale University Press,1961(『統治するのはだれか―アメリカの一都市における民主主義と権力』行人社, 1988年) Dahl, R.A., I. Shapiro. On Democracy. Veritas Paperbacks, 2001(『デモクラシーとは何か』岩波書店, 2020年)

＊10. "Do Not Allow Jeff Bezos to Return to Earth." Change.org

＊11. Hirschman, A. O. Exit, Voice, and Loyalty: Responses to Decline in Firms, Organizations, and States. Harvard University Press, 1970 (『離脱・発言・忠誠：企業・組織・国家における衰退への反応』ミネルヴァ書房, 2005年)

〈제4장〉

＊1. 총무성「국정선거에 있어서의 투표율 추이」

* 2. 무의식 데이터 민주주의는 '자동 민주주의'나 '확장 민주주의'라는 구상과 인연이 깊다. Danaher, J. "The Threat of Algocracy: Reality, Resistance and Accommodation." Philosophy & Technology 29.3 (2016): 245-268. Hidalgo, C. "Augmented Democracy: Exploring the Design Space of Collective Decisions." Himmelreich, J. "Should We Automate Democracy?" Oxford Handbook of Digital Ethics, 2022. Susskind, J. Future Politics: Living Together in a World Transformed by Tech. Oxford: Oxford University Press, 2018. 철학자이자 소설가인 아즈마 히로키(東浩紀) 등이 구상하는 '일반 의지 2.0'과 통하는 부분이 많다. 東浩紀『一般意志2.0 ルソー、フロイト、グーグル』(講談社, 2015年)

* 3. 文部省『民主主義』(KADOKAWA, 2018年)

* 4. 坂井豊貴『多数決を疑う』(岩波書店, 2015年)

* 5. Przeworski, A. Why Bother With Elections?. Polity, 2018 (『それでも選挙に行く理由』白水社, 2021年)

* 6. 「# リアル選挙分析 参院選 2019」(note, 2019年 8月 9日)

* 7. 과거 소박한 민주주의(예를 들면 다수결의 직접 선거)의 위험성을 깨달았던 미국 건국의 아버지들은 민주주의가 기능하기 위한 사회의 성질로서 "횡단하는 균열(cross-cutting cleavages)"을 구상했다. 논점·이슈마다 바뀌는 다수파와 소수파는 사회를 횡단하는 균열이 구체화한 모습이다. Hamilton, A., J. Madison, and J. Jay. The Federalist Papers. 1788 (『ザ·フェデラリスト』岩波書店, 1999)

* 8. Christoph M. Interpretable Machine Learning: A Guide for Making Black Box Models Explainable. 2022.

* 9. Board of Governors of the Federal Reserve System "Review of Monetary Policy Strategy, Tools, and Communications." August 27, 2020

* 10. Zheng, S., A. Trott, S. Srinivasa, N. Naik, M. Gruesbeck, D. C. Parkes, and R. Socher. "The AI Economist: Improving Equality and Productivity with AI-Driven Tax Policies." arXiv: 2004. 13332 (2020).

* 11. Pinker, S. The Better Angels of Our Nature: Why Violence Has Declined. Brilliance Audio, 2011 (『暴力の人類史』青土社, 2015年)

* 12. 政治ドットコム「アメリカ大統領選挙に立候補した『猫』」2020年12月3日

* 13. NBC "Stubbs the cat serves as mayor of town." (July 16, 2012)

* 14. "How the Yippies 'Stuck It to the Man' at the 1968 DNC." History, August 26, 2020 "Most Votes for a Chimp in a Political Campaign." Guinness World Records ""Bringing

The Dart To Dingle' And 'Bringing The Olympics To Termonfeckin' -Dustin-The Poultry Party Election Posters." Irish Election Literature, July 20, 2010

＊15. Daras, G., and A. G. Dimakis. "Discovering the Hidden Vocabulary of DALLE-2." arXiv: 2206. 00169 (2022).

＊16. Zweig, S. Joseph Fouché: Portrait of a Politician. Viking Press, 1930 (『ジョゼフ・フーシェ―ある政治的人間の肖像』岩波書店, 1979年)

＊17. Sartori, G. The Theory of Democracy Revisited. CQ Press, 1987.

＊18. 木庭顕『デモクラシーの古典的基礎』(東京大学出版会, 2003年)

＊19. Weyl, E. G., P. Ohlhaver, and V. Buterin, "Decentralized Society: Finding Web3's Soul" (2022)

＊20. ゲームチェンジ日本…芋虫大作戦…『改革案１「データドリブン・ネオ民主主義の実装」の概要』(note, 2022 年 1月 8日)『改革案２「デジタル地方通貨による財政改革」の概要』(note, 2022 年 1月 10日)

＊21. 坂口恭平『独立国家のつくりかた』(講談社, 2012年)

＊22. Kelsen, H. Vom Wesen Und Wert Der Demokratie. 1920 (『民主主義の本質と価値他一篇』岩波書店, 2015年)

＊23. 무의식 민주주의는 무수한 의문과 해결되지 않은 문제를 던진다. 예를 들어 의식 민주주의에서 키가 되는 사람들의 의식적인 숙의(deliberation)의 문제다. Fishkin, J.S. Democracy and Deliberation: New Directions for Democratic Reform. Yale University Press. 1991. Habermas, J. "Three Normative Models of Democracy." Constellations(1994) 숙의는 무의식 민주주의와 어떻게 연계되거나 연계되지 않는가? 숙의 민주주의의 약점 중 하나는 숙의에 의해 오히려 신념이나 편견이 강화할 수 있다는 점이다. Sunstein, C. Going to Extremes: How Like Minds Unite and Divide. Oxford University Press, 2011 (『熟議が壊れるとき：民主政と憲法解釈の統治理論』勁草書房, 2012年) 무의식 민주주의가 이런 약점을 보완할 가능성이 있다. 무의식 데이터 민주주의는 사람들의 주관적 민의에 더해 객관적 성과지표 데이터를 받아들여 의사를 결정하기 때문이다. 이렇게 솟아나는 무수한 의문에 대한 생각을 추후 어딘가에서 정리하고 싶다.

〈끝으로〉

＊1. 東京新聞「ネット投票導入へ、推進法案の意義は?筆頭提出者・中谷―馬衆院議員に聞く」(2021

年 9月 5日) 인터넷 투표를 거부하는 변명의 하나는 "인터넷 투표를 유권자 본인이 했는지, 누군가가 강제하거나 조작하거나 해킹하지 않았음을 확인하기가 어렵다"는 것이다. 이 장벽을 극복하기 위해서도 디지털 기술, 특히 블록체인을 이용해 인터넷 투표의 익명성과 신뢰성을 담보하는 것이 관건이다. Buterin, V. "Blockchain Voting is Overrated among Uninformed People but Underrated among Informed People." (2021)

＊2. Marx, K. Der achtzehnte Brumaire des Louis Bonaparte. 1852 (『ルイ•ボナパルトのブリュメール18日』講談社, 2020年)

22세기 민주주의

지은이 나리타 유스케
옮긴이 서유진·이상현

이 책의 디자인은 노영현, 편집과 교정은 장현정,
출력과 인쇄 및 제본은 도담프린팅의 박황순, 종이는 다올페이퍼 여승훈이
진행했습니다. 이 책의 성공적인 발행을 위해 애써주신
다른 모든 분들께도 감사드립니다. 틔움출판의 발행인은 장인형입니다.

초판 1쇄 인쇄 2024년 3월 20일
초판 1쇄 발행 2024년 3월 31일

펴낸 곳   틔움출판
출판등록   제313-2010-141호
주소   경기도 고양시 덕양구 청초로 66 덕은리버워크 A-2003
전화   02-6409-9585
팩스   0505-508-0248
홈페이지   www.tiumbooks.com

ISBN 979-11-91528-21-3 03340

잘못된 책은 구입한 곳에서 바꾸실 수 있습니다.